法學啟蒙叢書

民法系列 ——

# 不當得利

楊芳賢 著

Civil Law

三民書局

國家圖書館出版品預行編目資料

不當得利 / 楊芳賢著.――初版一刷.――臺北市：三
民，2009
　　面；　　公分.――(法學啟蒙叢書)
　　參考書目：面
　　ISBN 978–957–14–5142–8　(平裝)
　　1.不當得利

584.337　　　　　　　　　　　　　　　　97024854

© 　不當得利

| 著 作 人 | 楊芳賢 |
| 責任編輯 | 陳柏璇 |
| 美術設計 | 陳健茹 |
| 發 行 人 | 劉振強 |
| 著作財產權人 | 三民書局股份有限公司 |
| 發 行 所 | 三民書局股份有限公司 |
| | 地址　臺北市復興北路386號 |
| | 電話　(02)25006600 |
| | 郵撥帳號　0009998–5 |
| 門 市 部 | (復北店)臺北市復興北路386號 |
| | (重南店)臺北市重慶南路一段61號 |
| 出版日期 | 初版一刷　2009年3月 |
| 編　　號 | S 585850 |

行政院新聞局登記證局版臺業字第○二○○號

ISBN　978–957–14–5142–8　　(平裝)

http://www.sanmin.com.tw　三民網路書店

※本書如有缺頁、破損或裝訂錯誤，請寄回本公司更換。

# 序 言

　　民法施行至今即將屆滿八十年，最高法院判決對於民法不當得利規定的理解與適用，仍有若干誤會；而且少數錯誤見解，一再引用，更令人難以理解。當然，本書對最高法院判決的評論是否正確適當，應留待讀者評價與判斷。

　　作者感謝陳孟君、王柏淨與胡詩英三人辛苦校對本書。此外，作者亦感謝三民書局編輯部同仁辛苦編排校對，並且提醒作者漏未附例題或解答。作者歡迎並感謝讀者對本書提出批評、指正與建議，並期望在本書再版或修訂時參考改進。

　　俗務紛擾，不易專心寫作，加上能力不足，作者常有不自量力的痛苦，三民書局亦可證明作者曾多次表示願賠償解約。而今回顧過往，才知上帝的恩典是夠用的。作者感謝方嘉麟教授與楊淑文教授充滿歡樂的同在，並謹將這本小書獻給朱麗容。

楊芳賢

2009 年 2 月

# 不當得利

## contents

# contents

# 第 *1* 章

緒　論

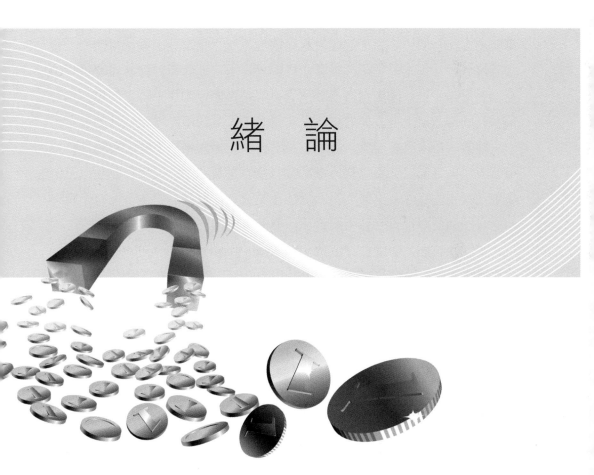

# 第一節
## 不當得利之比較法簡介

　　現代文明國家，無論是大陸法系成文法國家或英美法系判例法國家均有不當得利制度，以解決無法律上之原因之財產損益變動的問題。現行民法第 179 條至第 183 條有關不當得利之規定，主要參考大陸法系之德國民法第 812 條至第 822 條規定，因此德國實務與學說見解，對我國法而言，具有高度參考價值。除了德國實務與學說見解之相關理由得以幫助吾人分析理解我國法規定外，了解英國法見解之理由，進而與德國法見解之理由互相對照，亦得以確認究竟德國法之見解是否僅係德國一國之偏見，抑或具有共同價值足供吾人參考❶。尤其是近年來英國不當得利法蓬勃發展，引人注意；目前已有認為，應承認不當得利法係判例法下除了契約法、侵權行為法外之第三個獨立科目❷；或者應當是契約法、侵權行為法以及財產權法（指物權法）之外的第四個法律領域❸；目前英美法不僅有不當得利之專門網站❹提供各種相關資訊，亦有專門期刊❺。

　　美國法方面，美國法律協會 (American Law Institute) 在 1937 年出版《法律整編回復原狀法》(Law of Restitution)，1988 年另外出版兩冊《增補美國判決實務資料》，並於 2004 年再作增補。本整編雖曾有第 2 版的計畫，但未能完成。目前正在進行中的第 3 版，名為《回復原狀與不當得利》(Restatement of the Law Third, Restitution and Unjust Enrichment)，負責人係

---

❶　以此為目標，純屬不自量力，只能期望逐年有所進展。此外，本書以下引用著作之方式，敬請參見書末附錄二之說明。

❷　Halsbury's Law of England, 4th ed. Reissue, Volume 9 (1), 1998, para 1092; Birks, 2003, 10. 但是英國法方面最早之說明，當係 Fibrosa Spolka Akcyjan v. Fairbairn Lawson Combe Barbour Ltd, [1943] AC 32, 61, per Lord Wright，引自 Goff/Jones, 1–012 Fn. 76.

❸　Richard A. Epstein, (1994) 67 S Cal L Rev, 1369, 1371.

❹　http://www.ucc.ie/law/restitution/.

❺　即 Restitution Law Review。

美國波士頓大學教授 Andrew Kull，目前已有《暫時性草案》第 1 冊 (2001)，
第 2 冊 (2002)，第 3 冊 (2004)❻，以及第 4 冊 (2005)。此外，美國法上之重
要著作尚有 George E. Palmer 在 1978 年出版，共達 4 冊的《回復原狀法》，
該書並有不定期之資料增補。

　　英國法方面，Goff/Jones 的《回復原狀法》(The Law of Restitution) 首
度出版於 1966 年，現今已有 2007 年第 7 版；Peter Birks 1985 年出版《回
復原狀法導論》(An Introduction to the Law of Restitution)，2003 年出版《不
當得利》(Unjust Enrichment，本書已有 2005 年第 2 版；但 Birks 不幸逝於
2004 年）；Andrew Burrows 的《回復原狀法》(Law of Restitution) 首度出版
於 1993 年，目前已有 2002 年第 2 版；Graham Virgo 的《回復原狀法之各
原則》(The Principles of the Law of Restitution) 首度出版於 1999 年，目前已
有 2006 年第 2 版。此外，英國其他教科書、專書與論文集更是有如雨後春
筍，層出不窮；更重要的是，英國各級法院尤其上議院 (House of Lords) 陸
續作成重要判例，促進英國法在此一領域的進步，在在印證論者所謂「英
國不當得利法僅僅近十年即已完成在其他法律領域必須百年才有可能達到
的成果」❼。

　　雖然如此，英美不當得利法的發展具有特殊歷史背景，無論概念或體
系架構均有別於我國法，舉例而言，英國法過去係以所謂準契約或默示契
約之理論作為不當得利之理論依據，直到 1991 年之 Lipkin Gorman (a firm)
v. Karpnale Ltd 一案之判決，才明確採取因不當得利而構成返還責任之見
解❽。其次，對於我國民法第 179 條所規定之「無法律上之原因」，在英美

---

❻　對第一冊至第三冊見解之評論，參見 Hanoch Dagan, The Law and Ethics of
　　Restitution, 2004.

❼　Gerhard Dannemann, (2001) 79 Texas Law Review 1837, 1843 at Fn. 34.

❽　Lipkin Gorman (a firm) v. Karpnale Ltd, [1992] 4 All ER 512 (HL); Goff/Jones,
　　1–012–016; Burrows, 1ff., 15ff.; Halsbury's Law of England, 4ᵗʰ ed. Reissue,
　　Volume 9 (1), 1998, para 1097, 1102. 但是批評意見，例如 Birks, 4, 11ff., 16 and
　　22 稱，不當得利固構成回復原狀，但是將二者等同乃錯誤，因為回復原狀係

各國多數文獻仍採個別認定其原因事由❾，僅有極少數主張應採「無法律上之原因」作為統一之依據❿。此外，英國法不僅逐漸擴大構成要件之一——不正當原因之事由，同時亦相應擴大債務人之抗辯事由，最重要者即上揭 Lipkin Gorman 判決終於在其他英美法系國家之後，正式承認善意之債務人得主張地位變更，所受利益已不存在之抗辯⓫。最後，更重要的是，英美之判例法，重視個案判決事實與理由的分析、比較與論證，有別於我國以法律抽象規定作為出發點，為避免錯誤或不當將英美判例法之原則予以一般化，作者參考引用英美法著作之說明時，原則上僅限於判斷個案的理由說明。

# 第二節
## 本書內容及說明方法

## 一 本書內容

本書之說明內容，首先是教學性質之說明；其次，則涉及進階部分，即最高法院相關判決之歸納、整理、分析與評論。自說明架構而言，主要區分不當得利之構成要件與法律效果，其中構成要件之說明，包括民法第179 條規定之受利益、致他人受損害、無法律上之原因，以及民法第 180 條有關不當得利返還請求權之排除規定。法律效果部分，包括民法第 181 條

---

針對獲利之救濟，係法律效果，而不當得利僅係構成回復原狀之原因之一，回復原狀有多重之原因事由。

❾ Goff/Jones, 1–052–060; Burrows, 41–51. 美國法，雖然 1937 年出版之《法律整編回復原狀法》Part I Chapter 1 Topic 1 第 1 條亦規定，一方不正當地基於他方之費用而獲有利益者，負有義務返還他方。但是在 Part I Chapter 2 至 Chapter 7，即第 6 條至第 138 條均係有關獲利是否不正當之規定。

❿ 例如 Birks, Preface xiv–xv 表明，放棄過去見解，而接受 Sonja Meier 之批評，改採無法律上之原因之見解；對此並參見 Birks, 36 以下之說明，尤其 38–40。

⓫ [1992] 4 All ER 512–540，尤其參見 534e–f, 533h–j, 534b–c per Lord Goff of Chieveley.

規定之不當得利返還請求權之客體、不當得利之返還方法，以及不能返還時，應價額償還；其次，民法第 182 條有關不當得利返還義務人之責任範圍之規定，以及民法第 183 條有關第三人之返還或償還責任。

## 二 本書說明方法

本書說明方法，首先係在每章節開始階段，列出實際例題；其次，簡要介紹該章節，並進而說明法律規定之相關概念與原則，在此一部分，亦儘可能舉出最高法院判決理由輔助說明，或彙整我國學說之相關見解。其後，即進階部分，儘可能找出我國最高法院較新且具代表性或爭議性之判決作為分析評論之對象；在此一部分，亦將彙整我國學說之相關評論。最後，則簡要總結相關說明。本書最後附錄一，收錄若干律師及司法官考試題目，並附有簡要答案或指出本書說明之章節。

# 第三節
## 不當得利之制度目的、分類及依據

## 一 制度目的

請求權依據，在契約、無因管理與所有物返還請求權之後，接下來是不當得利。不當得利，性質上乃法定債之關係[12]，目的在調整無法律上之原因之財產損益變動[13]，而非「取除」受益人無法律上之原因而受之利益[14]，更非在於賠償損害。

---

[12] 95 臺上 1077。

[13] Loewenhiem, 144; MK/Lieb, §818 Rn 64 und 65. 並參見 Burrows, 1.

[14] 但是仍有採此一見解者，如 Esser/Weyers, 34, 108；王澤鑑，頁 4，頁 253（但參見頁 247 所謂不當得利……，調節當事人間欠缺法律上原因的財產變動）；陳自強，〈雙務契約不當得利返還之請求〉，《政大法學評論》，第 54 期，頁 205 以下，頁 209。對此，並參見第四章，第一節，一，㈡。

## 二 不當得利之分類及依據

有關第 179 條之無法律上之原因，教科書均有所謂統一說或非統一說之說明[15]。統一說中，有公平說、正法說、債權說、相對關係說及權利說等，我國學說有採其中之權利說者[16]；採非統一說者，有區分基於給付行為之不當得利，與基於其他事由之不當得利[17]。

就分類之法律依據而言，第 179 條規定本身不易解為非統一說，反而本條規定或許得認為係採統一說，因為本條僅規定，「無法律上之原因而受利益，致他人受損害者，應返還其利益。雖有法律上之原因，而其後已不存在者，亦同。」換言之，本條僅針對自始或嗣後無法律上之原因有所區分，並未對給付類型或非給付類型不當得利加以區分。反之，若對第 180 條之文義加以觀察，可知本條規定係以，「給付，有……之情事，不得請求返還」；而且一般認為，本條僅只適用於給付類型之不當得利[18]，所以依本條規定，得間接推論民法本身實際亦有對不當得利區分類型。

最高法院歷年判決中，19 上 475 提及「因他人之給付而受利益者」，或 23 上 1528 提及「因履行契約而為給付後，該契約經撤銷者」，或 89 臺上 288 提及「因給付而受利益者」[19]，又 94 臺上 1555 亦有三人關係之「給付不當得利」之語；此外，學說認為 55 臺上 1949 涉及因給付外事由而受利益之情形[20]；此等情形，似得認為最高法院就成立不當得利上，係採取非統一說[21]。至於就無法律上之原因，86 臺上 1102 認為，「不當得利請求

---

[15] 王澤鑑，頁 28；史尚寬，頁 73；鄭玉波，頁 106；孫森焱，上冊，頁 147。

[16] 鄭玉波，頁 116。

[17] 王澤鑑，頁 31 以下；史尚寬，頁 75。孫森焱，上冊，頁 157 稱「非統一說較符實際，是為實務所採」，但其註解引用者，並非最高法院判決，而是錢國成著，《民法判解研究》，頁 14。

[18] 王澤鑑，頁 31，頁 128，頁 160。

[19] 以上參見王澤鑑，頁 30。

[20] 王澤鑑，頁 30。

[21] 陳自強，〈雙務契約不當得利返還之請求〉，《政大法學評論》，第 54 期，頁 205

權之基礎，在於公平正義」；又 95 臺上 1077 認為，「不當得利乃對於違反公平原則之財產變動，剝奪受益人所受利益，以調整其財產狀態為目的，並以無法律上之原因而受利益致他人受損害為基礎，依法律之規定而發生債的關係，倘無損害（既存財產之積極減少或應得利益之消極喪失）即無由成立不當得利，此觀民法第一百七十九條規定自明」。最近，96 臺上 2362 之原審法院亦有「不當得利制度乃基於『衡平原則』而創設之具調節財產變動的特殊規範」之語。最高法院判決強調公平原則、公平正義或衡平原則，但是應指出者，民法其他制度亦以公平正義或公平原則為依據，例如契約、無因管理及侵權行為等規定，不當得利亦不例外。又公平正義、公平原則或衡平原則並非法律規定之構成要件，且失之空泛，解決不當得利之法律問題仍應以法律規定作為出發點。本書以下說明，所以採取非統一說之給付類型和非給付類型之不當得利之分類，主要是因為此一分類得以幫助吾人更精細思考分析不當得利之法律問題，因此即使不當得利之要件僅有第 179 條單一之規定，亦無影響。

---

以下，頁 212 註 41 處。

# 第 2 章

給付類型不當得利
之構成要件及其限制

 **例 題**

甲與乙締約，由甲為乙處理事務，不料甲乙實際並未就報酬有所合意，試問，甲就其已為乙處理之事務，可否主張無因管理之請求權？又甲對乙有何其他請求權依據？

德國通說認為，給付類型之不當得利所謂之給付，係指一方（不當得利債權人）有意識、有目的地增加他方（不當得利債務人）財產，而使他方受利益❶，故若無法律上之原因，即發生一方得請求他方返還利益之情形；至於德國民法第 812 條所謂「基於他方之費用」之要件，由於只要可得認定一方依給付而有意識、有目的增益他方財產，則他方之受利益，即係基於他方之費用，故不須再特別認定「基於他方之費用」之要件❷。至於當事人一方對他方為給付，目的可能在於清償債務或贈與財產等等。因此德國通說認為，給付類型不當得利之要件，包括一方依給付，而使他方有所取得（利益），且無法律上之原因三者❸，至於其法律效果，則是一方得請求他方返還。

相對的，應指出者，上述德國通說所謂之給付概念，以及後續之相關見解，乃德國民法下德國學說與實務歷經長期發展之結果，因此上述德國見解對於我國民法而言，僅是解釋適用我國民法規定之選項之一，不具有必然性。尤其，最高法院判決雖亦提及因給付而受利益，但並未承認上段德國通說所謂之給付概念，而且最高法院判決迄今仍然堅持第 179 條規定之「致他人受損害」之要件，故可謂與上述德國通說見解有所區別，因此本書以下仍僅依第 179 條規定之個別要件說明之。

不當得利之基本規定是第 179 條。就給付類型之不當得利而言❹，其要件乃一方依給付行為而使他方受利益，但卻無法律上之原因；至於「致

---

❶ MK/Lieb, §812 Rn 26; 王澤鑑，頁 43。

❷ Larenz/Canaris, 131; Medicus, Rn 632; 王澤鑑，頁 59。對此之批評見解，參見 Schermaier JZ 2006, 332–333。

❸ Loewenheim, 16。

❹ 參見上揭第一章，第三節，二，對最高法院之判決之說明。

他人受損害」如何解釋，尚有爭議（參見下述）。

 **解　說**

　　無法律上之原因，在民法採取私法自治契約自由原則下，須優先思考有無契約作為當事人權利義務的依據。此乃意定之債之關係。契約及依其而生之債權，在法律上使債權人有給付請求權（第 199 條第 1 項）與保有所受領給付之權利。雙方當事人依據諸如買賣、租賃或僱傭契約等所為所有權移轉、交付租賃物供承租人使用收益、提供勞務，或支付價金、租金或報酬等，若有相關契約作為給付之依據，即具有法律上之原因，不成立不當得利❺。

　　其次，若成立「適法之無因管理，本人之受利益，既係基於法律所允許之管理人之無因管理行為，自非無法律上原因」❻。故若成立適法無因管理，即具有法律上之原因，亦不成立不當得利。

　　反之，若契約無效、不成立或意思表示被撤銷，而又已為給付，即須注意不當得利規定之適用，例如雙方當事人依契約而為給付，目的即在清償債務，故若確認契約無效、不成立或意思表示被撤銷時，雙方當事人間之給付或財產損益變動，即欠缺法律上之原因作為依據，因此可能應依第 179 條規定，負返還利益或價額償還之義務（第 179 條及第 181 條但書）。

　　附帶而言，契約無效、不成立或意思表示被撤銷，債務人所為之履行債務行為，少數認為亦構成無因管理，但是多數見解表示，此一情形並不成立無因管理，因為債務人係以履行債務之意思而為相關之給付行為，故實際債務人乃處理自己事務，並非以為他人處理事務之意思而管理他人事務，因此此一情形，不成立無因管理（參見第 172 條），而僅依不當得利規定處理即可❼。因此，例題中，因甲乙雙方對報酬未合意，故無法律上之原因而有處理事務，甲對乙之請求權依據乃第 179 條及第 181 條，而非第 176 條第 1 項之無因管理。

---

❺　95 臺上 2013；94 臺上 1511；94 臺上 375；94 臺上 138。

❻　86 臺上 229。Esser/Weyers, 4, 20 und 125.

❼　Esser/Weyers, 7 mit Fn. 22.

# 第一節

## 受利益

 **例 題**

1.甲與乙締結契約，由甲承受乙之商號之經營，乙並將商號所有之不動產、貨車、相關器具、存貨、對第三人之債權、商標專用權等，一併移轉予甲。若其後乙依法撤銷其締結契約之意思表示，試問，乙對甲有何請求權？

2.甲向乙購買張大千某幅仕女畫，並已銀貨兩訖。若不久之後，確認該畫乃乙臨摹之贗品，試問，甲對乙有何權利得以主張？

3.(1)甲與乙締結房屋及其座落土地之買賣契約，並已移轉登記及交付，乙亦已給付價金。不久，乙發現該屋有漏水、坪數不足等瑕疵，試問，乙對甲得否依不當得利，請求返還部分價金？(2)又若乙所購之房屋僅係甲所有七層建築物中之一層，就騎樓僅應獲分配七分之一土地所有權，不料甲委任之代書錯誤移轉登記騎樓全部面積予乙，試問，其他向甲購買其餘六層之個別住戶可否對乙主張不當得利，請求返還騎樓面積七分之一之土地所有權？又甲對乙，得如何請求返還？

第 179 條所謂「受利益」之用語並非全然精確，極易令人誤會所取得者有財產上之價值才是受利益。固然不當得利之受利益，絕大多數是有財產價值者，但是其實只要有所取得，不論有無財產上價值，就符合無法律上之原因等要件，均得依不當得利請求返還❽。

其次，有所取得利益，僅是成立不當得利之第一個要件而已，目的僅在確認不當得利受領人所取得之客體或對象，未必與不當得利受領人應返還者相同，不當得利受領人可能更有所取得，例如占有土地，取得孳息（第 69 條），亦應返還（第 181 條前段），但是，若依利益之性質或因其他情形不能返還，則應償還價額（第 181 條但書）。

但亦可能不當得利受領人，不知無法律上之原因，而所受利益也已不

---

❽　王澤鑑，頁 236，提及道歉信作為有所取得之標的物。

存在，則免負返還或償還價額之責任（第 182 條第 1 項）；反之，不當得利
受領人若於受領時，知無法律上之原因或其後知之，則應將受領時所得之
利益，或知無法律上之原因時所現存之利益，附加利息，一併償還，如有
損害，亦應賠償（第 182 條第 2 項）。

## 一 因一方之給付行為而使他方受利益

在給付類型之不當得利，不當得利受領人係因他方之給付行為而受利
益，故各種可能得依給付行為而移轉或給與之財物所有權等，均得為第 179
條所稱之利益，例如依買賣、互易及贈與契約而為之給付涉及財產權（包
括物之所有權及債權等）及金錢所有權之移轉及交付；又如租賃和使用借
貸契約涉及物之使用收益之利益或金錢；再者，僱傭或委任契約，則涉及
勞務提供與金錢。以下分別說明之。

### (一)財物之所有權

此一部分包括動產、不動產及金錢之所有權；金錢所有權之移轉，適
用第 761 條第 1 項動產所有權移轉之規定❾。

此一情形，主要涉及債權行為無效、不成立或意思表示被撤銷，但當
事人已依物權行為移轉交付財物所有權，而且因物權行為之獨立性與無因
性原則，仍發生物權或金錢所有權之移轉。受領人取得物權或金錢，即為
其所受之利益。然而此一財物所有權之移轉，既無有效之債權行為作為依
據，即屬無法律上之原因而受利益，故移轉財物所有權之一方，得依第 179
條規定，請求他方返還財物之所有權。在此，若涉及不動產之情形，因已
發生不動產所有權之移轉，故訴訟上係訴請相對人為不動產所有權之移轉
登記，而非訴請塗銷登記❿。

### (二)占　有

占有亦屬第 179 條規定所稱之利益。

此一情形主要是因債權行為與物權行為均無效、不成立或意思表示被

---

❾　Staudinger/Schmid, 1997, Vorbem zu §§244ff. Rn B9 und B13.

❿　參見 89 臺上 961。

撤銷，但當事人亦已同時為物之占有之移轉。例如出賣人係無行為能力人，其與買受人所為債權行為與物權行為，均為無效，但同時已為標的物之交付的情形，因物權行為無效，物之所有權未移轉，故出賣人仍是物之所有權人，而買受人並未取得物之所有權，僅取得物之占有，而且買受人此一占有因買賣契約無效，並無法律上之依據，屬無權占有，故出賣人（或其法定代理人），得依第 767 條請求所有物之返還；此外，出賣人亦得依第 179 條請求占有之不當得利之返還。因此若標的物之所有權未有效移轉之情形，請求權依據次序是第 767 條規定先於第 179 條規定。

### (三)登記名義

當債權行為與不動產所有權移轉登記之物權行為，均無效、不成立或意思表示被撤銷，而且當事人亦已同時為占有之移轉，此時，除依上段所述，一方得依第 767 條及第 179 條請求他方返還占有之外，因雙方已為不動產所有權之移轉登記，但一方所為讓與合意之意思表示無效等，故不生不動產所有權之移轉，他方僅取得不動產所有權移轉登記之名義，因此一方當事人仍為不動產之所有權人，他方僅係登記名義人❶。

如一方當事人為避免其債權人之強制執行，而與友人通謀為虛偽意思表示，將一方之不動產所有權依買賣契約，進而移轉登記為他方所有。此一債權行為即買賣契約，以及物權行為即不動產所有權之移轉登記，適用第 87 條第 1 項規定，均為無效，故一方仍為系爭不動產之所有權人，而他方僅取得系爭不動產所有權之登記名義，實際並非所有權人。

以上情形，他方並非所有權人，僅係登記名義人，亦無法律上依據，故一方得依第 767 條規定，以他方之登記名義妨害其所有權，請求除去之，即訴請他方塗銷登記名義；其次，一方亦得依第 179 條，訴請他方塗銷登記名義❷，因為他方並未取得系爭不動產所有權，而僅取得系爭不動產所有權之登記名義，且無法律上之依據，故亦屬第 179 條所規定之無法律上

---

❶ 僅取得登記名義之情形，最常見者，固係不動產所有權，但亦有取得不動產抵押權登記名義之案例，如 65 臺再 138，但其案例涉及非給付行為不當得利類型。

❷ 參見 92 臺上 2309；93 臺上 2080 裁定。

之原因而受利益。尤其，若他方將登記於其名下之不動產，再轉賣並進而移轉登記予不知情之第三人時，依土地法第 43 條規定，依本法所為之登記有絕對效力，善意之第三人取得系爭不動產之所有權。因此對一方而言，他方取得系爭不動產所有權之登記名義，乃無法律上之原因而受利益，一方得訴請他方塗銷登記名義❸。

**㈣債　權**

債權亦屬第 179 條之利益。對此，參見 92 臺上 624 判決：「按債權讓與係屬準物權行為具獨立性，於讓與契約發生效力時，債權即移轉於受讓人，其原因關係之存否，於既已成立生效之債權讓與契約並無影響。是以債權讓與作為清償債務之方法，縱其債務不存在，亦僅生讓與人得否請求受讓人返還不當得利之問題，要難謂其不生債權移轉之效力。」此外，例如債權買賣，並已進而讓與債權，其後確認買賣契約並未就買賣價金有所合意，則債權讓與即欠缺債權行為作為法律上之原因，故得依第 179 條規定請求返還。

**㈤使用他人之物之利益**

例如出租人依租賃契約交付租賃標的物予承租人，供其使用收益，其後確認雙方租賃契約並未成立。此一情形，宜認為他方當事人取得使用他人之物之利益，係第 179 條之無法律上之原因而受利益，但是因為此一利益性質上不能返還，故適用第 181 條但書規定，應償還價額❹。

相對的，無論涉及給付類型或非給付類型之不當得利，最高法院判決一貫認為，不當得利債務人所取得者乃「相當租金之利益」。對此，有關給付類型之不當得利，參見例如 94 臺上 1549；非給付類型之不當得利，參見 94 臺上 1094，以及 95 臺上 599。但是應指出者，最高法院之見解，雖

---

❸　附帶而言，若係涉及已登記之不動產，則所有人主張第 767 條之權利，依釋字第 164 號解釋，並不適用第 125 條消滅時效之規定。

❹　王澤鑑，頁 47–48（引用 51 臺上 1450）；此外，並參同書，頁 195–200，頁 242。德國通說見解相同，參見 MK/Lieb, §812 Rn 359; Esser/Weyers, 100（本頁並指出，該書，1984 第 6 版，採所謂節省費用見解，而類似最高法院正文之見解).

然結論相同，但是理由說明上，無視於第 179 條及第 181 條但書二者係個別規定，而將二者結合為單一規定，致以為債務人所受者乃相當於租金之利益，而僅適用第 179 條規定；此一見解，明顯不符民法上述規定，並不可採。

### ㈥勞務之提供

此一情形係指不當得利受領人取得他人提供之勞務，卻無法律上之原因，例如雙方當事人以為有僱傭契約存在，但實際上報酬卻尚未合意，故契約不成立，即受領人取得他人提供之勞務，卻欠缺有效契約作為依據，故係無法律上之原因而受利益（第 179 條），負返還義務，但是此一利益，依其性質無從返還，故應償還其價額（第 181 條但書）。在此，若將最高法院上段見解推而廣之，於受領人取得他人勞務情形，受領人亦應當是取得「相當於僱傭報酬之利益」，而僅適用第 179 條規定，不須適用第 181 條但書。最高法院見解，明顯不符法律規定。

### ㈦其他情形

以上所述，僅係若干可能情形，無從包括一切情形，故仍應依個案認定是否屬於第 179 條所稱之利益。

## 二 債權行為與物權行為之可能組合

針對財物所有權之移轉，由於民法採物權行為獨立性及無因性原則，故涉及買賣、互易或贈與等契約，雖然物權行為有效，即可發生財物所有權之移轉，但是若債權行為無效、不成立或意思表示被撤銷，即成立第 179 條之無法律上之原因而受利益，故必須債權行為及物權行為都有效，才可終局確定取得財物之所有權。

### ㈠債權行為及物權行為均有效

當雙方當事人順利完成交易，產生以買賣、互易或贈與契約為依據之債權，債權人得據此請求債務人給付，需債務人清償債務才消滅，故契約關係之存在乃債權人保有給付之依據，不構成第 179 條之無法律上之原因，亦即當事人間之給付，有契約作為法律上之原因，不成立不當得利❺。

### (二)債權行為有效，物權行為無效

例如出賣人締結買賣契約後，喪失行為能力，則其對買受人所為物權行為之讓與意思表示，適用第 75 條後段，無效。此一情形，債權人得依其債權請求債務人或其法定代理人履行給付義務（第 199 條第 1 項），不生不當得利之問題。

### (三)債權行為無效、不成立或意思表示被撤銷，但物權行為有效移轉

此一情形是因為物權行為獨立性與無因性使然，而為適用不當得利之典型案例。由於物權行為有效，已發生財物所有權移轉之法律效果，即受領人已取得財物所有權，故不當得利返還請求權人所請求者係財物所有權之返還。

例如甲與乙就噴墨印表機成立買賣契約，甲卻誤以雷射印表機交付，甲應該如何請求返還[16]。在此，甲已移轉雷射印表機所有權予乙。雖有認為，甲就雷射印表機所有權移轉之意思表示有錯誤，依第 88 條第 1 項前段規定，甲得撤銷意思表示，回復為該物之所有權人，而得依第 767 條規定請求返還雷射印表機之占有。但是應指出者，撤銷錯誤之意思表示，依第 88 條第 1 項但書規定，須非由表意人自己之過失所致者為限。學說通說認為，此一要件應採善良管理人之注意義務[17]。適用此一見解，甲無從撤銷移轉雷射印表機所有權之意思表示。但是不當得利返還請求權之成立，並不考慮一方當事人甲給付時有無過失（而僅當其明知無債務而為清償時，因第 180 條第 3 款規定，不得請求返還），故可適用第 179 條規定，且因為甲乙雙方買賣契約係以噴墨印表機為標的，故乙受領甲移轉交付雷射印表

---

[15]　94 臺上 1511；94 臺上 375；94 臺上 138。

[16]　91 年律師高考第二題第一小題，參見本書附錄一。

[17]　學說通說，參見王澤鑑，《民法總則》，頁 410，註 2。最高法院 62 年度臺再字第 140 號判決，《法令月刊》，第 26 卷第 6 期，頁 174–175，稱抽象之輕過失說對於表意人未免失之過苛，直使表意人無行使撤銷權之機會，本為多數學者所不採；對此，王著，頁 410，註 3 表示，尚有疑問。

機所有權，並無法律上之原因，而構成第 179 條之規定，甲仍得對乙，就雷射印表機之所有權，依不當得利請求返還。

若依物權行為移轉者，係不動產所有權，因物權行為有效，受領人已取得不動產所有權，但欠缺法律上之原因，而成立不當得利，此時，不當得利返還請求權人對受領人係請求返還不動產之所有權，訴訟上應訴請受領人為系爭不動產所有權之移轉登記❶❽。

反之，若買受人是遭詐欺而締結買賣契約，並進而支付買賣價金，其後才撤銷買受之意思表示者，也可依不當得利規定，請求返還已付之買賣價金❶❾。

### ㈣債權行為及物權行為均無效、不成立或意思表示被撤銷

在此，主要涉及債權行為與物權行為具有所謂同一瑕疵。由於物權行為亦有無效等情事，故受領人並未取得財物之所有權，給付之人仍是財物之所有權人，而且因為債權行為無效，故若受領人占有標的物，亦係無權占有，因此所有權人得依據第 767 條所有物返還請求權之規定，請求無權占有人返還占有之財物。同理，受領人係無法律上之原因占有標的物之情形，亦該當第 179 條之不當得利要件，故所有權人亦得依不當得利請求受領人返還占有。若是涉及不動產，而且已為所有權移轉登記，因物權行為之讓與合意有無效、不成立或意思表示被撤銷，此時所有權人得依據第 767條及第 179 條規定，對受領人訴請塗銷登記名義❷⓪，理由是當事人間所有權移轉登記之行為，因物權行為無效，並未發生所有權移轉之結果，受領人僅取得登記名義而已。

## 三 最高法院判決及其簡評

### ㈠ 69 臺上 677

按民法第一百七十九條規定所謂無法律上之原因而受利益，就受損害

---

❶❽　參見 89 臺上 961。

❶❾　參見 92 臺上 36 裁定。

❷⓪　訴請塗銷登記，參見 92 臺上 2309；93 臺上 2080 裁定。

人之給付情形而言，對給付原因之欠缺，目的之不能達到，亦屬給付原因欠缺形態之一種，即給付原因初固有效存在，然因其他障礙不能達到目的者是。本件被上訴人就其出賣之房屋，固應負瑕疵擔保責任，但上訴人主張，被上訴人交付之房屋坪數短少，而有溢收價金之情形，如果屬實，被上訴人對於溢收之房屋價金，是否不能成立不當得利，尚有疑問，又上訴人之不當得利返還請求權與其瑕疵擔保請求權如有併存競合之情形，上訴人擇一請求似非法所不許。

◎簡 評

買受人支付價金，既係依據買賣契約之約定，則在買賣契約仍然存在之下，出賣人受領並保有買受人支付之價金，有法律上之原因，並不構成不當得利。至於買賣標的物之土地面積不符契約約定之面積，若無特別約定，買受人得依第 354 條及第 359 條物之瑕疵擔保規定主張權利❷❶，而非適用不當得利規定。

(二) 92 臺上 1781

按土地買受人依民法第三百四十八條規定，固有請求出賣人移轉以取得該土地所有權之權利，惟買受人實際所取得之土地所有權，如超過買賣契約買賣標的物之範圍，其所受超過之利益，既非買受人得享有之權利，即有可能成立不當得利。

◎簡 評

本判決表示，若買受人獲得超過買賣契約約定所可取得之土地面積，得構成不當得利，值得贊同，因為買受人僅就買賣契約約定之土地面積所有權之取得，有買賣契約作為法律上之原因；就超過部分，若契約有約定找補，當事人得依契約約定請求差價；若無約定，則出賣人仍可主張不當得利。

(三) 92 臺上 2309

本判決之原審法院認為，系爭房地買賣契約書及切結書，既係上訴人所偽造，即不得據以辦理系爭房地所有權移轉登記。從而，被上訴人依侵

---

❷❶ 對此，參見王澤鑑，頁 76–78。

權行為、不當得利之法律關係及所有權人之物上請求權，請求上訴人塗銷系爭房地所有權移轉登記，並將該房地返還被上訴人，自屬有據，應予准許。最高法院認為原審法院所採見解正確，上訴人的上訴無理由。

◎簡　評

本判決值得肯定。上訴人未取得系爭房地所有權，亦無法律上之原因，故被上訴人得分別依第 767 條及第 179 條訴請塗銷。

### ㈣ 94 臺上 2156

被上訴人既未就附圖所示 C、D、E 部分土地支付任何價金，上訴人是否有受領該部分土地價金之可能？而應負不當得利之返還責任？非無疑義。原審先謂系爭買賣契約之標的不包括附圖所示 C、D、E 部分土地，繼謂被上訴人對於附圖所示 C、D、E 部分土地無給付買賣價金之義務，上訴人亦無收取該部分買賣價金之權利，而未說明被上訴人對該非屬買賣標的之 C、D、E 部分已有給付買賣價金之依據，遽認被上訴人依不當得利之法律關係，請求上訴人返還所受領附圖所示 C、D、E 部分土地之買賣價金為有理由，自有前後矛盾及理由不備之違誤。

◎簡　評

本判決明確表示，若未經一方給付某部分土地之價金，則他方就該金額即不可能成立不當得利，值得贊同。

### ㈤ 93 臺上 2465

受益人雖於權利之取得非無法律上之原因，但因其他法律規定而應負擔義務時，倘因受益人未履行其義務致他人受損害者，受益人對該他人仍應依不當得利法則返還其所受之利益。查兩造之被繼承人李○廉生前贈與壬○○等五人之財產，雖有法律上之原因，惟因李○廉贈與後未滿三年即亡故，依當時之遺產及贈與稅法第十五條規定，應視為遺產併入遺產課徵遺產稅，而遺產稅應由繼承人按其應繼分負擔。倘被繼承人就上開贈與之財產，並未明示，如應併課遺產稅時，所增加之遺產稅部分，亦由遺產負擔，則丁○○等二人主張，因該受贈之財產併入為遺產，致伊等受有增加負擔遺產稅八百萬五千六百二十七元之損害，依不當得利之法律關係，請

求前開受贈人給付其所受之利益，是否不應准許，尚待研求。

◎簡　評

　　本判決之見解，尚有疑問。本件有關丁○○等二人對王○○等五人依不當得利規定之請求，本書認為宜採否定見解。

　　受贈人王○○等五人有贈與契約為依據，故有法律上之原因，且其取得利益，係依贈與人履行贈與契約之物權行為。至於遺產應負擔遺產稅，係依當時之遺產及贈與稅法第 15 條規定，因此丁○○等二人不當得利之請求，難以成立。其次，判決中所謂「受益人雖於權利之取得非無法律上之原因，但因其他法律規定而應負擔義務時」之說明，關鍵在於受贈人即受益人應否依法律規定而負擔義務。但是如同本判決所言，遺產稅應由繼承人按其應繼分負擔，並非應由受贈人負擔，因此受益人應依法律規定而負擔義務之前提並不成立，故本判決之結論認為可能得成立不當得利，亦不正確。最後，對於本判決所言，「倘被繼承人就上開贈與之財產，並未明示，如應併課遺產稅時，所增加之遺產稅部分，亦由遺產負擔」，本書認為此一不利後果，依法應由繼承人承擔，只要此一贈與並未侵害到繼承人丁○○等二人之特留分，致其得依第 1223 條規定主張權利，即使繼承人丁○○等二人因遺產支付遺產稅後，致受分配之遺產減少，亦無權利對受贈人依不當得利規定請求返還多繳之遺產稅。

## ㈥95 臺上 132

　　查系爭支票係上訴人向被上訴人所委請領取支票之會計人員林○○稱被上訴人要將該支票交付上訴人，林○○乃親自交付上訴人，而「林○○因見上訴人常在公司進出，與公司人員熟稔不疑有他，始將上開支票交付」，均為原審認定之事實。果爾，苟林○○係因錯誤（「不疑有他」）或被詐欺而交付系爭支票，在被上訴人未依法撤銷各該意思表示前，能否謂上訴人之受領系爭支票為無法律上原因之不當得利？已有待斟酌。

◎簡　評

　　本判決上述說明，不無疑問。即使會計林○○係因錯誤或被詐欺而交付系爭支票予上訴人，但只要上訴人無債權而加以受領，仍為無法律上之

原因受領系爭支票，成立不當得利，並無必要撤銷移轉系爭支票之錯誤或被詐欺而為之意思表示，才可適用不當得利請求返還。因此即使會計林○○或其所屬公司未撤銷移轉系爭支票之意思表示，只要上訴人無法律上之原因而受領該支票，仍得依不當得利請求返還。附帶而言，即使會計林○○或其所屬公司撤銷移轉系爭支票之錯誤或被詐欺而為之意思表示，亦僅回復其對系爭支票所有權，但基於支票乃完全有價證券之流通性質，此一撤銷實際亦難以對抗善意受讓人，故實益不大，此外，並請參見票據法第14條，尤其第2項規定。

 **解　說**

　　例題1.中之不動產、貨車、相關器具、存貨、對第三人之債權及商標專用權均屬「利益」範疇，故乙可對甲主張第179條之不當得利返還請求權。

　　例題2.中之甲可依第92條第1項，撤銷受乙詐欺而為之意思表示，包括締結契約之意思表示以及移轉金錢所有權之意思表示，進而對乙依第767條主張價金之返還，但若有金錢混同之情形，則乙取得金錢所有權❷，則甲無從主張第767條規定。但是甲仍可依第179條主張價金之不當得利返還請求權。前者是物權性質之所有物返還請求權，而後者是債權性質之請求權。

　　例題3.中之(1)，乙可依第359條請求減少價金後，再依第179條請求返還溢付之價金。(2)本題僅甲得對乙主張第179條之不當得利，至於其餘六戶住戶無從主張。又甲對乙依第179條，係請求騎樓面積七分之六之所有權移轉登記❸。

---

❷　史尚寬，《物權法論》，民國64年臺北4版，頁133。

❸　參見92臺上1195。

# 第二節
## 致他人受損害

 例　題

1.甲委任乙代購股票，並交付現金若干元，乙亦全數用於為甲投資，雖有獲利，但甲認為不符預期，故乃終止契約。試問，甲是否可對乙主張不當得利返還請求權？

2.甲依確定判決聲請拍賣其債務人乙之土地，並以其賣得價金受清償。其後，丙稅捐機關以其就乙土地應徵之土地增值稅應優先受清償，訴請裁判經判決確定後，丙即直接以其受損害，而甲無法律上之原因受有利益，而訴請甲返還不當得利。試問，丙對甲之請求，有無理由？

3.甲受乙詐騙，將某筆金額匯入乙在丙銀行開設之某一帳戶之中。試問，甲得否對丙銀行請求不當得利返還？

## 一 致他人受損害之要件

### (一)概　說

第 179 條亦規定「致他人受損害」之要件。事實上，德國民法係明文規定，基於他方之費用[24]。至於英國法亦認為構成不當得利，須受利益係基於不當得利返還請求權人之費用[25]。但是德國通說自確立給付類型之不當得利後，發展至今之給付概念，已取代所謂「基於他方之費用」之要件；亦即只要可得認定一方依給付而有意識、有目的增益他方財產，則他方之受利益，即係基於他方之費用，故不須再特別認定「基於他方之費用」之要件[26]。雖然如此，我國最高法院判決尚未採取此等給付概念及後續見

---

[24]　雖然如此，此一翻譯並不精確，對此，參見王澤鑑，頁 49，註 1 之說明。

[25]　Goff/Jones, 1–012, 1–044.

[26]　Larenz/Canaris, 131; Medicus, Rn 632; 王澤鑑，頁 59。對此之批評見解，參見 Schermaier JZ 2006, 332–333.

解❷，因此以下仍須就民法規定加以說明。

第 179 條使用「致」他人受「損害」此二用語，極易令人誤會以為成立不當得利，如同侵權行為般，一方受利益須造成他方受損害，亦即「致」係指（相當）因果關係，或同一原因事實❷，而且「損害」，係指既存財產之積極減少或應得利益之消極喪失❷。但是此二用語所指涉者應係一方受利益係基於他方之費用或應歸屬他方之財產權利；至於「致」之意義，亦不宜如同侵權行為般，解為因果關係或相當因果關係，反而宜認為此一要件係針對財產損益變動及其主體之關聯性而言，亦即一方受利益須係來自於他方受「損害」，故他方在具備其他不當得利要件時，得請求另一方返還不當得利。

### (二)不當得利與侵權行為有別

不當得利與侵權行為有所不同，最主要在於第 179 條規定之不當得利，目的在調整無法律上之原因之財產損益變動，亦即以不當得利受領人有所取得利益，而判斷此一利益應否返還請求權人為出發點。相對的，侵權行為基本構成要件主要涉及第 184 條第 1 項前段與後段以及同條第 2 項之規定；民法侵權行為規定，前提要件之一是請求權人受有損害，故涉及法律上應否依損害賠償予以回復之法律問題。簡言之，不當得利重點在於利益之返還或回復，而侵權行為則是損害之賠償。

此外，不當得利之成立不以受利益者之故意過失為要件，亦與其善意或惡意無關❸，但是法律效果上，仍須注意第 182 條第 1 項與第 2 項之差

---

❷ 英國法下，Burrows, 5，採 Birks, An Introduction to the Law of Restitution, 1985, 26, 44–45 之見解，以「基於原告之費用」要件為基礎，而區分為因原告財產減少或對原告有不法行為之不當得利，亦未採德國法之給付概念。值得注意者，Birks, 2003, preface xiv 已表示放棄其在 1985 年著作之見解。

❷ 例如 85 臺上 2656 所謂之因果關係，或 88 臺上 2970 所謂之相當因果關係，以及 91 臺上 2508 所謂之受利益與受損害之間，須有因果關係等。

❷ 例如 95 臺上 1077 稱無損害（既存財產之積極減少或應得利益之消極喪失）即無由成立不當得利之語。最高法院此一說明，當係參考孫森焱，上冊，頁 142 以下。

異，尤其是不當得利之受領人，不知無法律上之原因，而其所受之利益已不存在者，依本條第 1 項規定，免負返還或償還價額之責任。至於侵權行為，則是成立要件上，原則上須有故意或過失（參見第 184 條第 1 項前段）。至於違反保護他人的法律，也應留意保護他人之法律之內容是否有主觀要件之規定。附帶而言，不當得利和侵權行為兩者競合的情況，主要是損人又利己之情形，尤其是非給付類型中之侵害類型和無權處分。但是並非任何無權處分均會構成侵權行為，例如甲借某畫給乙，乙死，乙子丙以為該畫是乙之遺產，丙加以出售得款或贈與他人，若丙已經盡到注意義務，有調查，甚至公告，才將該畫出售得款或贈與他人，未必成立侵權行為。

### (三)致他人受損害之要件——德國法之介紹

給付類型不當得利，德國通說在所謂給付係一方依有意識、有目的之財產給與行為而使他方受利益之見解下，認為「基於他方之費用」之要件不適用於給付類型之不當得利，而僅適用於非給付類型，尤其是侵害權益型之不當得利[31]。

首先，二方當事人之不當得利之情形，多數德國學說認為，基於不當得利返還請求權人之給付而受利益，即包括債務人取得利益係基於相對人之費用[32]。此一部分，就我國法而言，「致他人受損害」之要件容易認定，因為通常情形，不當得利受領人受利益既是基於相對人之給付，即有受利益「致」相對人受「損害」之結果，因此「致他人受損害」之要件，並不須特別認定。

其次，三方或三方以上之當事人之不當得利，上述給付概念得否解決相關問題，不無疑問[33]。固然一般德國學說認為，指示給付之類型[34]，得

---

[30]　參見 87 臺上 1600。

[31]　Larenz/Canaris, 131; Medicus, Rn 632. 對此之批評見解，參見 Schermaier JZ 2006, 332–333.

[32]　MK/Lieb, §812 Rn 11.

[33]　陳自強，〈委託銀行付款之三角關係不當得利〉，《政大法學評論》，第 56 期，頁 21–23。

區分為指示人與受指示人，以及指示人與受領人間之關係，故在此亦僅有個別兩個二方當事人之給付關係，以致所謂基於他方之費用之要件，在此似無必要；但是亦有德國學說主張，上述區分指示人與受指示人，以及指示人與受領人之關係，背後實際上亦有適用基於他方費用之要件，亦即指示給付之類型亦斟酌受領人之受利益實際上並非基於受指示人之費用，而是基於指示人之費用而受利益❸。

此外，附帶而言，就非給付類型，尤其是侵害型之不當得利，所謂致他人受損害之要件，與侵權行為之損害不同，在此主要目的在於確定何人是不當得利返還請求權人，亦即確認財產損益變動時，實際權益應當歸屬給何人，而使此一權益所應當歸屬之人享有不當得利返還請求權❸。

### ㈣否定直接性要件之見解

目前德國多數見解認為，財產移轉或損益變動之直接性要件，對不當得利成立要件之檢討，並無必要。雖然如此，仍有德國學說表示，在此仍應注意依據直接性要件所達到之結論，在德國法下係藉由一方受利益係基於他方之「費用」之要件，或者依所謂規範意義之給付概念，而達到相同結論；其所依據之價值判斷，並無改變，例如在給付連鎖❸，甲依約對乙給付某物，而乙又依約對丙給付該物，在有雙重瑕疵時，一般認為，甲不得對丙請求返還不當得利，而僅得在個別瑕疵法律關係當事人間，即分別由甲對乙，及乙對丙請求不當得利返還❸；又例如給付當事人原則上僅得對受領給付之人請求不當得利返還，僅於例外情形，例如直接適用或類推適用第 183 條規定時，才可對第三人請求不當得利返還❸。

### ㈤直接性要件之殘餘功能

---

❸ 有關指示給付之說明，參見第二章，第四節，四。

❸ MK/Lieb, §812 Rn 12; 並參見 Schermaier JZ 2006, 332–333.

❸ MK/Lieb, §812 Rn 234f; Loewenheim, 98. 此外，並參見第三章，第一節。

❸ 參見第二章，第四節，二之說明。

❸ 參見第二章，第四節，二之說明。

❸ 本段說明，參見 MK/Lieb, §812 Rn 18.

　　目前仍有德國學說認為，直接性之要件在於具體化「基於他人費用」之要件；在意識到此一情形，尤其是意識到直接性要件與「基於他人費用」要件相聯結之下，在判斷受領人有所取得是否基於某特定人之費用有疑問時，以直接性要件輔助判斷，尚無大礙❹。反之，批評見解認為，給付類型不當得利，適用給付概念，即可在財產給付授受主體之間主張不當得利，故得取代直接性要件❹。至於非給付類型之不當得利，亦不因某人為直接侵害行為之人，或係造成喪失利益與獲得利益之過程之人，即得直接對其請求不當得利❷，因為若行為人未取得利益，而是另有他人，實際難以對行為人主張不當得利，充其量僅得對其主張侵權行為之損害賠償。

　　最後，有德國學說認為，直接性要件具有一項消極功能，即受利益之人所受之利益係來自第三人，則受利益之人原則上即非不當得利債務人❸。例如甲欺騙乙，得到乙之金錢，然後甲用騙到之金錢對丙清償自己債務。此時，乙得對甲主張受騙金錢之不當得利返還。若甲對丙之金錢債務不存在，由於丙取得金錢是來自於甲之給付，故甲得對丙主張不當得利返還。但是乙仍然無從對丙主張不當得利返還，因為乙和甲之間存在詐欺而給付之法律關係，亦即瑕疵法律關係存在於甲與乙之間，故原則上僅得在甲乙之間解決不當得利返還之問題。更重要的是，丙並非基於乙的給付行為而受利益，丙受領給付是來自於甲之給付，故乙不能直接向丙請求不當得利返還❹。

㈥小　結

　　綜而言之，第 179 條之致他人受損害之要件，除應注意「致」及「損害」之意義之外，宜認為本條規定所稱之「他人」二字係指不當得利返還

❹　MK/Lieb, §812 Rn 18. 此外，Larenz/Canaris, 135 甚至認為，直接性要件在具體化基於他人費用要件上扮演重大角色。

❹　Esser/Weyers, 43–44.

❷　Esser/Weyers, 80.

❸　Larenz/Canaris, 135.

❹　王澤鑑，頁 55–56 及頁 56 註 1。

請求權人，因此致他人受損害之要件，不僅涉及因給付而受利益，或因給付以外事由而受利益之行為與事實之關聯性，亦涉及受利益及受損害之主體，因此第 179 條規定「無法律上之原因而受利益，致他人受損害者，應返還其利益」，係指受利益之人，對此一要件所謂之他人，應負返還不當得利之義務。

## 二 最高法院有關「損害」之判決及其簡評

### ㈠ 88 臺上 2970

契約經當事人終止後，當事人間之契約關係應向將來失去其效力，如當事人之一方因終止契約而受有損害，而另一方當事人因此受有利益者，此項利益與所受損害間即有相當因果關係，核與民法第一百七十九條後段所定之情形相當，因此，受有損害之一方當事人自得本於不當得利之法律關係，請求受有利益之另一方當事人返還不當得利及不當得利為金錢時之利息。

◎簡　評

本判決之結論，尚可贊同，但是本判決以「損害」作為思考適用不當得利之出發點，並非妥適。即使是第 179 條亦係規定無法律上之原因而受利益，致他人受損害為要件，並非先列舉「損害」。更何況，不當得利規定著重於利益之返還或回復，而非如同侵權行為般在於損害之賠償，本判決以損害為說明不當得利之出發點，本末倒置。此外，其餘說明參見以下例題 1. 之解說。

### ㈡ 91 臺上 827

執行法院將拍賣所得之價款逐行分配與各債權人，其實際給付義務人仍為債務人，執行法院僅代債務人將拍賣所得價款轉給債權人以清償其債務而已；債權人受分配清償之金額既係來自債務人，則其超領之金額部分縱屬不當得利而致受損害者，亦為債務人，只應返還該利益與債務人。於該利益返還與債務人交由執行法院再為分配前，非謂因其超領而分配金額不免間接受有影響之他債權人，即當然對該受分配之債權人取得不當得

之債權。是各債權人間本無債之關係，其受超額分配之債權人自無將該超額利得款項逕行返還於他債權人之義務。

◎簡　評

　　本判決對強制執行之拍賣似係採所謂私法說**㊺**，故有拍賣所得價款分配予各債權人，實際給付人仍為執行債務人之結論。在此一見解之下，本判決認為，債權人受分配清償之金額既係來自債務人，則其超領之金額部分，縱屬不當得利，而致受損害者，亦為債務人，只應返還該利益與債務人**㊻**，即屬見解一貫，此一部分，值得贊同。

### ㈢ 95 臺上 1077

　　不當得利乃對於違反公平原則之財產變動，剝奪受益人所受利益，以調整其財產狀態為目的，並以無法律上之原因而受利益致他人受損害為基礎，依法律之規定而發生債的關係，倘無損害（既存財產之積極減少或應得利益之消極喪失）即無由成立不當得利，此觀民法第一百七十九條規定自明。查原審就本件構成不當得利要件之「債務人受利益致債權人受損害」部分，固以上訴人受有○○公司為其清償一百八十萬元本息債務之利益，及被上訴人經法院判決應賠償○○公司一百八十萬元本息確定為據，然法院判決被上訴人應賠償確定後，被上訴人是否已確實履行給付？攸關其有無受有實際既存財產積極減少或應得利益消極喪失之損害。原審未遑再進一步調查審認，遽行判決，亦嫌速斷。本件被上訴人已否受有損害之事實，既未臻明瞭，本院自無從為法律上之判斷。上訴論旨，指摘原判決不當，求予廢棄，不能認為無理由。

◎簡　評

　　本判決經精簡後之案例事實，是被上訴人（甲）簽發乙之名義之本票，交付予上訴人（丙）之債權人（丁），以清償丙對丁之債務。該本票經兌現後，乙訴請甲損害賠償，經判決確定；而甲則對丙請求不當得利返還。

---

**㊺**　對強制執行拍賣採私法說之批評，參見王澤鑑，頁211。

**㊻**　類似見解，並參見 54 臺上 2391 判例（抵押權人聲請查封拍賣獲清償後，抵押權經撤銷，應由債務人之破產管理人對其請求不當得利返還）。

首先，本件之丙受有債務消滅之利益，並無疑問，但是甲為何簽發乙為發票人之本票，而乙為何就此一本票付款，自本判決無法得知。然而丙受債務消滅之利益，係基於該本票兌現，因此本件之不當得利返還，應係由乙對丙請求，即本件得以對丙請求不當得利返還之人乃乙，而非甲。

其次，甲對乙亦有侵權行為，致乙受有損害，故乙得請求甲賠償損害（第 184 條第 1 項後段及同條第 2 項）；甲賠償乙時，宜認為得類推適用第 218 條之 1 規定，同時請求乙讓與乙對丙之不當得利返還請求權❹。

再者，本判決認為，「法院判決被上訴人應賠償確定後，被上訴人是否已確實履行給付？攸關其有無受有實際既存財產積極減少或應得利益消極喪失之損害」。但是此一說明仍係以有無損害作為思考不當得利之出發點，並非妥適。更重要的是，即使甲賠償乙，甲乃在履行自己對乙之損害賠償義務；至於丙獲債務清償，係因該本票兌現，並非因甲對乙此一賠償損害之結果，因此縱使依本判決所言，甲因賠償而受有財產積極減少之損害，但此一情形亦與丙先前已獲債務清償之利益，毫無關係，不可能因此而在甲與丙間成立不當得利返還之法律關係。本判決此一說明，再度證明，最高法院以損害作為思考出發點，無從妥適解決不當得利返還究竟應在何人對何人請求之問題。最高法院應放棄以「損害」作為思考不當得利之出發點之觀念。

最後，法律上，甲對丙，如上所述，似僅得類推適用第 218 條之 1 規定，於甲對乙賠償時，由甲請求乙讓與乙對丙之不當得利返還請求權。附帶而言，本判決就第 179 條之致他人受「損害」要件，有如第 184 條第 1 項前段有關侵權行為規定之損害之說明，並非妥適。

## 三 最高法院有關（相當）因果關係或同一原因事實判決之簡評

### (一)（相當）因果關係

---

❹ 在此，之所以是類推適用，乃因乙對丙僅有不當得利返還請求權，而非第 218 條之 1 所稱之因物或權利之喪失或損害，而對第三人享有請求權。

最高法院若干判決，例如 85 臺上 2656 所謂之因果關係；或 88 臺上 2970 所謂之相當因果關係；以及 91 臺上 2508 所謂之受利益與受損害之間，須有因果關係等，似均將不當得利等同於侵權行為，而單純將侵權行為之因果關係要件轉用到不當得利。但是此一見解明顯忽略不當得利法之功能或目的，主要乃在調整無法律上之原因之財產損益變動，著重於不當得利返還請求權人與債務人間，財產損益變動之關聯性，而非（相當）因果關係。至於侵權行為，則著重於得否將損害歸屬於行為人之行為，而由其負損害賠償責任。

## ㈡同一原因事實

53 臺上 2661 認為，相對人受利益和請求人受損害必須基於同一原因事實❹。但是此一見解並不妥適，對此，思考無權處分造成不當得利的情形，即可得知。例如甲借予乙某畫，乙擅自出賣並移轉交付該畫予第三人丙，而丙得依第 801 條及第 948 條善意取得所有權之情形；本例，甲喪失該畫所有權是基於乙對該畫之無權處分，並且因為適用第 801 條及第 948 條，致第三人丙善意受讓。但是乙受有對價之利益，則是來自於丙讓與交付價金之物權行為（第 761 條第 1 項）。在此，若堅持 53 臺上 2661 之見解，甲對乙無法主張不當得利。對此，學說認為，應將乙與丙間之債權行為及物權行為合一觀察，認定其具有直接因果關係❹。

其次，同一原因事實之見解對以下案例，亦無能為力，例如甲將自己所有物，授權予乙以乙自己名義出賣，乙即出賣予第三人丙。乙並移轉交付該物予丙，丙亦支付價金予乙，乙再依其與甲之契約將所受價金轉交予甲；此乃典型之行紀交易行為（第 576 條以下）。若事後確認乙丙間之買賣契約無效、不成立或意思表示被撤銷，則丙應請求乙返還價金之不當得利，而非對甲請求，至於請求標的物所有權返還之人亦係乙對丙請求，而非甲

---

❹　94 臺上 1639 亦同。

❹　王澤鑑，頁 178。但是王著，同頁所謂「無權處分人取得應歸屬於權利人之對價，係無法律上之原因受利益，致他人受損害，應負返還的責任」，參見本書第四章，第一節有關價額償還之說明。

對丙，因為瑕疵之法律關係乃存在於乙與丙間。在此，雖然因為乙與丙間之讓與合意及交付行為，致甲喪失該物之所有權，且丙取得該物之所有權，但是不當得利返還之請求係在乙丙間主張，而非在甲與丙間主張❺⓪。在此，若採最高法院判決所稱之同一原因事實說、因果關係說或相當因果關係說，實際均無助於應在何等當事人間解決不當得利之問題。

更重要的是，依最高法院之（相當）因果關係或同一原因事實作為標準，無從妥適處理三方當事人之不當得利。例如縮短給付，或者金錢之指示支付等，甲指示乙，由乙對第三人丙為財物所有權之移轉時，在指示有效之前提下，被指示人乙對第三人丙所為之財物所有權之移轉，法律上宜解為係被指示人乙對指示人甲之給付或支付，以及指示人甲對第三人丙之給付或支付，至於被指示人乙對第三人丙，原則上並非在履行乙對丙之債務，二者間並無任何原因關係，而僅有事實上之財產給與❺①。在指示有效存在，而僅對價關係❺②即甲丙間有瑕疵之情形，德國通說認為，應由瑕疵法律關係之當事人即甲對丙請求不當得利返還；而僅補償關係❺③有瑕疵之情形，亦僅由乙對甲請求不當得利；至於雙重瑕疵，亦僅在個別當事人間，即甲對丙，乙對甲個別請求不當得利返還❺④。此等情形，採同一因果關係說，無從達到相同結論。

最後，在此亦應注意所謂之同一原因事實見解，亦誤導最高法院將不應承認構成不當得利之案例解為肯定，例如下述最高法院 62 臺上 1893 判例即是（第二章，第二節，四，例題 2. 之解說）。值得注意的是，96 臺上 1707，不僅有同一原因事實，更有相當因果關係之說明。最高法院此種如

---

❺⓪　Larenz/Canaris, 131.

❺①　Loewenheim, 31. 例外，則如第 711 條第 1 項之被指示人向領取人承擔所指示之給付者，有依證券內容而為給付之義務，故被指示人對領取人給付，亦係在履行自己之債務。

❺②　參見第二章，第四節，三，㈡。

❺③　同前註。

❺④　參見本書第二章，第四節，一以下之說明。

同侵權行為般處理不當得利要件之見解，參照上述，既無必要，亦不可採。

## 四　其他最高法院裁判及其簡評

### ㈠ 92 臺上 1134

系爭新臺幣（下同）二百五十萬元係訴外人○○○等三人匯入被上訴人公司之帳戶，上訴人既非匯款人，被上訴人縱未將該款項交與上訴人，受損害者應為○○○等三人，而非上訴人。就令依上訴人主張伊等係股票出賣人，自得本於買賣之法律關係，向○○○等請求給付股票之價金，其買賣價金請求權，並不因○○○等將系爭二百五十萬元匯至被上訴人公司之帳戶而消滅，是上訴人未因之而受有損害，其本於不當得利之法律關係，請求被上訴人返還該款項，即有未合。最高法院本裁定駁回上訴。

◎簡　評

最高法院此一見解，應予贊同。上訴人有買賣價金請求權，買受人匯款予第三人，上訴人對第三人不生不當得利返還請求權。此外，不宜以「損害」，反而應以給付者及給付作為思考不當得利請求權之出發點。

### ㈡ 94 臺上 1639

查被上訴人簽發之系爭支票係遭蘇○○詐欺取得，上訴人不知亦否認兩造間有成立定期存款契約；而上訴人之兌領系爭支票，係受蘇○○之委託取款，依票據交換程序取得，為原審認定之事實。則兩者間既非基於同一法律關係，在被上訴人未因其受詐欺之意思表示而撤銷其交付系爭支票予蘇○○之行為前，能否逕依不當得利法律關係，直接訴請上訴人返還利益？殊非無疑❺。

◎簡　評

雖然本判決係涉及支票存款帳戶，有別於活期存款帳戶，但就銀行帳戶契約部分，參見以下例題 3. 之解說對 92 臺上 1165 之說明。

本判決認為，被詐騙人（甲）交付詐騙人（乙）支票，及上訴人銀行（丙）取得支票票款，非基於同一法律關係，但是參見以下對 92 臺上 1165

---

❺　本件之前一判決係 92 臺上 174。

之說明，宜認為丙係為乙處理入款及匯出事宜，有法律上之原因，故不生不當得利。其次，本判決所謂「在被上訴人未因其受詐欺之意思表示而撤銷其交付系爭支票予蘇○○之行為前，能否逕依不當得利法律關係，直接訴請上訴人（銀行）返還利益，殊非無疑」之語，似乎最高法院認為，甲依第92條第1項規定，撤銷其被詐欺之意思表示，即得直接訴請丙返還利益，但是此一說明，依第92條第2項規定，不易成立，因為銀行業者處理顧客帳戶入款或匯出事宜，原則上難認係惡意第三人，故甲之撤銷，不得對抗丙；僅當極度例外，例如銀行行員勾結詐騙集團，才有可能。

 ## 解　說

　　例題1.中，雙方當事人間有關代購股票之委任契約在終止之後，受任人乙先前因執行受任事務，為委任人甲所取得及占有之物，已無法律上之原因，應返還委任人甲。在此，並無須先確認委任人甲有無受有「損害」。更重要的是，委任人甲之「損害」，實際乃委任人甲與受任人乙締結委任契約，而使受任人乙為其處理事務並且為其有所取得，亦即此等財產損益變動在委任契約終止之前，均有法律上之原因，而且是本於委任人甲自己之意思表示而生。在此，委任人甲終止契約，若依據最高法院88臺上2970之思考邏輯，無異委任人甲依自己之終止行為而造成先前並非損害之情形成為「損害」之結果。換言之，在此，與其謂：委任人甲因終止契約，致受有損害，而受任人乙受有利益；不如說明：因終止契約，故受任人乙為委任人甲有所取得，已無法律上之原因，因此應返還其利益。

　　例題2.，依62臺上1893判例之見解❺，稅捐機關丙得對債權人甲，依

---

❺　參見《最高法院判例要旨》（民國十九年至九十四年民事部分），民國九十六年六月版，頁82，「兩造既經訴訟，被上訴人應徵之土地增值稅，應否優先於上訴人之抵押權以獲清償，上訴人自應受上開訴訟確定判決之拘束，今既判決確定被上訴人勝訴，則上訴人前由法院依分配表受領之系爭款項，即成為無法律上之原因而受領，是其受領時雖有法律上之原因，而其後已不存在，仍屬民法第一百七十九條後段之不當得利，被上訴人既因而受有損害，依不當得利之法律關係請求返還，自屬正當」。

第 179 條請求返還價金之不當得利。相對的，本書認為，此一法律問題應以上揭最高法院 91 臺上 827 所採強制執行之拍賣，實際給付人係執行債務人之見解作為基礎。若是如此，62 臺上 1893 判例之見解，即明顯有誤。亦即本例題中之債權人甲即使受有利益，亦係基於執行債務人乙之給付，而非基於稅捐機關丙之給付，故應請求不當得利返還者，乃執行債務人乙，而非稅捐機關丙。再者，若依本判例所謂「被上訴人（即本例題中之稅捐機關丙）既因而受有損害，……」，故得對債權人甲請求不當得利返還之結論，實際亦係因為最高法院錯誤地以損害作為思考不當得利之出發點而生，亦即最高法院認為，稅捐機關丙受有應優先受執行分配而未優先受分配之損害，而債權人甲受有拍賣價金分配之利益，且無法律上之原因，故成立不當得利，然而給付之人既係執行債務人乙，則請求不當得利返還之人乃執行債務人乙，而非稅捐機關丙。亦即，雖然甲對乙有債權，但是甲須在丙優先受分配之後才可受清償，因此就丙未能優先受清償部分之金額，乙得對甲依第 179 條請求不當得利返還，而且即使執行債務人乙怠於行使不當得利返還請求權，稅捐機關丙充其量僅得依第 242 條，行使代位權而已，仍不得以稅捐機關丙自己名義對債權人甲主張不當得利返還。

　　例題 3.，依最高法院 92 臺上 1165 之見解❺❼，被害人甲遭乙詐騙匯款至乙在丙銀行所開設之帳戶，丙銀行係依其與乙間之寄託契約而保管匯入款項，並未受有何不當利益，故甲對丙銀行不得主張第 179 條之不當得利返還請求權。

　　相對的，本書認為，就存款帳戶契約，不宜解為寄託契約之保管，亦即精確而言，寄託物為金錢，適用第 602 條及第 603 條，乃消費寄託，僅返還

---

❺❼　本裁定認為，「查系爭款項縱如上訴人所言，係因受詐騙集團之詐欺而匯入訴外人在被上訴人銀行開設之帳戶致受有損害，惟被上訴人乃銀錢業者，僅依與訴外人間之寄託契約『保管』該款，並未受有何不當利益，原審因認上訴人之損害非被上訴人之『保管行為』所致，無由主張依不當得利法律關係請求被上訴人返還系爭款項本息，於法並無不合，上訴人謂被上訴人獲有不當利得云云，容有誤會，附此敘明」。

相同金額即可，而非如同一般寄託之保管，係返還原物。此外，存款帳戶契約亦有事務處理之因素，而為委任契約。銀行為顧客收受他人匯至帳戶之款項，依存款帳戶契約，或依委任契約之第 541 條第 1 項規定，負有交付於委任人之義務，因此銀行雖受有匯款，但對帳戶所有人負有返還義務，並非銀行受有利益，反而是帳戶所有人受有利益。其次，受詐騙之匯款人甲依法雖得對詐騙之人乙請求返還該款項，但是受款銀行丙對帳戶所有人乙負有返還義務，因此匯款人甲固得聲請扣押詐騙之人乙對受款銀行丙之債權，即乙存款帳戶之債權，但是受詐騙之人甲僅得撤銷被詐欺而為之意思表示下所為之交易行為，再依不當得利規定，對詐騙之人乙請求返還給付之價金，而非直接對受款銀行丙，依不當得利規定請求返還。

# 第三節
## 無法律上之原因

 **例 題**

1.甲童與乙童一起玩耍，甲童以石頭丟向乙時，不慎打破丙家之玻璃。丙出門查看，只有乙童在場，一口咬定乙應負責，故向乙童之法定代理人求償，乙百口莫辯，其法定代理人自認理虧，賠償丙。其後，甲童良心發現向乙童之父承認。乙童之法定代理人有何權利可得主張？

2.甲向乙建商購買某戶房屋及其土地，但乙所交付之房屋有漏水及坪數短少等瑕疵，經甲依法解除契約後，甲對乙建商應如何請求返還已付之價金？

德國多數見解所採之非統一說，就給付類型不當得利，強調給付是有意識、有目的增益他人財產，且強調其中之目的，故有自始無給付目的、目的不能達到或目的消滅之說明[58]，例如一方當事人依買賣契約給付後，締結買賣契約之意思表示經撤銷，致給付追求之目的（清償契約債務）未發生，故無法律上之原因，得請求返還。對於此一說明，依所謂客觀之法

---

[58] 王澤鑑，頁 63–65。並參見王澤鑑，頁 32，頁 34；孫森焱，上冊，頁 152–153。此外，採統一說之鄭玉波，頁 111–112，亦同。

律上之原因見解，意思表示經撤銷，視為自始無效（第114條第1項），故買賣契約不生效力，受利益係無法律上之原因。換言之，給付所依據之原因關係或債之關係，即為法律上之原因❺。反之，採主觀之法律上原因之見解者，則強調主觀要素，認為給付之目的亦影響法律上之原因之要件，即法律上之原因並非單純給付所依據之債之關係，而是由債之關係所生，並藉由給付所追求之目的，例如上述之例，給付之人追求清償買賣契約債務之目的；亦即此一目的係由給付者所決定。換言之，債務與目的應加以區別，給付目的係以債務為基礎❻。

　　上述德國法之爭議，對民法之解釋適用，並無意義，因為最高法院判決並未採取德國通說之給付概念，故並無必要以給付之目的說明無法律上之原因❻，亦無必要涉入上述德國法之爭議。因此以下說明第179條規定之無法律上之原因，僅區分自始或其後無法律上之原因說明之。

# 一 自始無法律上之原因

## (一)契約無效或不成立

　　自始無法律上之原因比較簡單，例如契約無效或不成立而當事人已有所給付。第71條至第73條均屬法律行為無效之規定。其次，契約不成立，亦屬自始無法律上之原因，例如一方當事人以為是租賃契約，故移轉交付他方標的物供其使用收益，而他方以為是使用借貸契約加以使用收益，雙方並未成立契約，故無法律上之原因。此外，限制行為能力人締結契約，並已有所給付或受領給付，其意思表示須經法定代理人事先允許（第77條），否則，效力未定（第79條）；若法定代理人事後不承認，則契約確定不生效力，因此限制行為能力人締結之契約，以及其所為之物權行為，例

---

❺　MK/Lieb, §812 Rn 172; Larenz/Canaris, 137. 陳自強，〈雙務契約不當得利返還之請求〉，《政大法學評論》，第54期，頁205以下，頁216，亦採客觀說。

❻　Loewenheim, 54 mit Fn. 167.

❻　多數最高法院判決並未以給付目的加以說明，少數例外，參見92臺上2581；94臺上542。

如移轉金錢所有權，確定不生效力，限制行為能力人仍為所有權人；但相對人對其所為之物權移轉行為，因係所謂純獲法律上利益之行為，故限制行為能力人取得所有權。此一情形也是自始無法律上之原因，負有返還義務。

(二)意思表示經撤銷

民法第 74 條、第 88 條、第 92 條第 1 項及第 244 條等，均有撤銷之規定，由於撤銷之法律效果，依第 114 條第 1 項規定係視為自始無效，故已依此一法律行為所為之給付，於其所依據之意思表示或法律行為，依上述規定撤銷者，將溯及使原本有效之法律行為視為自始無效。故此一情形，有認為係自始無法律上之原因❻❷。反之，亦有不同見解認為，此乃其後無法律上之原因❻❸。

(三)非債清償

自始無法律上之原因之重要情形，尚有非債清償。亦即清償債務之人誤以為自己是法律上之債務人而為清償，但實際卻無債務存在。例如甲已對乙清償債務，不料甲誤以為自己仍對乙負有債務，再度清償，乙受領清償之債權已消滅，故係無法律上之原因而受利益，應依第 179 條，負返還義務。

 解 說

　　又非債清償亦可能進而涉及另有真正債務人之案例，如例題 1. 之情形，應由乙童之法定代理人對丙依第 179 條請求不當得利返還，而另由丙自行對甲與（或）甲之法定代理人請求損害賠償。又如丁有大黑狗，戊有小黑狗，某日己遭狗咬，己以為是丁的大黑狗所咬，向丁求償，丁賠償之，事後確認是戊的小黑狗咬了己。此一案例，己是受領丁清償給付之人，但因己之債權不存在，故無法律上之原因，丁得對己請求不當得利返還。又第 180 條第 3

❻❷　Loewenheim, 58 bei Fn. 176, 59 bei Fn. 181.

❻❸　MK/Lieb, §812 Rn 183; 孫森焱，上冊，頁 153。此外，王澤鑑，頁 63，將撤銷列在自始無給付目的下，但頁 64 及註 2，給付目的嗣後不存在下，又有錯誤撤銷買賣契約。

款規定明知為非債清償之給付，不得請求返還，但本例之丁並非明知，故仍得請求返還。此外，在此也應一併考慮丁對戊有無可得主張之權利，首先丁與戊間，並無丁應為戊清償之契約，故丁對戊無從依契約作為請求權依據。至於無因管理，因丁對己清償債務，係以清償自己債務而為給付，丁並無為戊清償債務即處理事務之意思，故不成立無因管理。再者，不當得利，丁對戊有無不當得利返還請求權，亦須注意丁對己之清償係丁在清償自己對己之債務，故戊對己之債務仍然存在，戊並未受有債務消滅之利益，並不成立不當得利❻❹。最後，丁與戊間亦不成立侵權行為損害賠償之法律關係。

### ㈣為他人清償債務

明知他人負有債務，而為其清償對第三人的債務，例如父為子，妻為夫，兄為弟清償債務，清償之人明知此乃他人對第三人負有債務而為其清償（第三人清償，依第 311 條及第 312 條，乃法律所允許，並規定相關之求償權）。若事後發現他人對第三人的債務不存在的情形，究竟應由誰對誰主張不當得利返還？在此，應思考清償之人有無受到他人指示，即父妻兄是否受子夫弟之指示為清償。一般認為，受指示而給付情形，給付或清償之人乃指示人，受指示而為清償行為之人，並非真正給付之人。換言之，在法律上，給付是被認為歸屬於指示人，因此若事後發現債務不存在，應由指示人對受領人，請求不當得利返還。相對的，若父妻兄等係自發為債務清償行為，因未受指示，故乃給付之人自己本身之給付，因此若事後發現並無債務存在，法律上即由給付之人父妻兄等對受領給付之人，請求不當得利返還。

### ㈤依據附停止條件法律行為而給付

所謂給付目的不達，多數學說表示，附停止條件的債務，預期條件成就而為履行，結果條件並未成就，關於此種類型的不當得利，民律草案第 929 條第 1 項明定依法律行為的內容因結果而為給付，其結果不發生時，亦成立不當得利（參閱德國民法第 812 條第 1 項後段）。現行民法雖未設明

---

❻❹ 在此，91 臺上 2544 之見解，尚有疑問。參見第二章，第四節，七之說明。

文，學說均肯定此一不當得利類型的存在❻。

但應指出者，附停止條件之法律行為，條件未成就前，法律行為尚未發生效力（第99條第1項），故不生債務。因此若一方當事人明知此等情事仍為給付，乃明知無給付義務而為給付，故應適用第180條第3款規定，不得請求返還❻。因此對於上段情形，宜認為須雙方當事人就附停止條件之債務，均預期條件之成就，而且一方願先為履行，係因他方於停止條件確定不成就時，亦願負返還義務，雙方有所合意，一方始得於條件確定不成就時，對他方享有不當得利返還請求權❻。

## ㈥92臺上116

本件之原審法院認為，上訴人與被上訴人成立調解，由被上訴人移轉系爭三筆土地之所有權予上訴人二人共有，然前開調解既經該法院另件宣告為無效確定，則上訴人前因調解而受移轉取得之系爭土地，縱於受領時有法律上之原因，但其後已不存在，被上訴人依民法第一百七十九條後段之不當得利規定，以預備聲明請求上訴人返還，自屬正當，應予准許。最高法院認為上訴人之上訴不合法，故裁定駁回。

◎簡　評

本件之調解，若經判決宣告無效確定，並非受領時有法律上之原因，但其後已不存在，反而是自始、確定、當然無效，屬於自始無法律上之原因之情形。雖然如此，此一爭議對於適用第179條不當得利規定請求返還，並無影響。

## 二 其後無法律上之原因

第179條後段規定，雖有法律上之原因，而其後已不存在者，亦同，

---

❻ 王澤鑑，頁65，頁135；孫森焱，上冊，頁152；鄭玉波，頁111。

❻ 但是依民律草案第932條，須給付人明知結果不能發生，見解並不相同。

❻ 民律草案第932條之另一情形，係給付人違反誠實信用，妨礙其結果發生，不得請求返還。對此，現行民法雖無明文，但現行法下，得適用第101條第1項之規定。

即應負返還其利益之義務。此可能包括以下之情形。

## (一)解除條件成就

法律行為附有解除條件，該法律行為已發生效力，但於解除條件成就時，依第 99 條第 2 項規定，失其效力❻。因此依據附解除條件之法律行為所為之給付，有認為係原本有法律上之原因，但於解除條件成就時，該法律行為失其效力，故依此而為之給付亦屬其後不存在❻。例如甲借乙《六法全書》，約定考上法研所、律師高考或司法官特考後歸還。因當事人間已為給付，並約定考上法研所或律師高考或司法官特考始應返還，而是否考上此等考試屬將來客觀不確定之事實，故考上即有解除條件成就之情事，而使先前具有法律上之原因之給付，其後不存在，而適用第 179 條後段規定，應負返還責任。

附帶而言，通常情況下，解除條件成就，故應予返還之法律效果，係以條件成就之時點，作為返還債務之開始時點。但若當事人就借貸標的之返還時點，另有約定，則適用第 99 條第 3 項規定，依當事人約定，例如若未特別約定，原本應在考上律師高考或司法官特考，解除條件成就時，負返還責任，但當事人亦得約定在律師訓練或司法官訓練完畢時才負返還責任。

值得注意者，法律行為附解除條件，於條件成就，法律行為失其效力之情形，亦有認為實際並不具有溯及效力，因為法律行為僅自解除條件成就時起，失其效力；而且當事人既已約定解除條件，實際已預見解除條件成就時，負有返還標的物之義務，因此解除條件成就，實際依契約之補充解釋，即得認定負有返還之義務❼。

92 臺上 115 表示，「查附有解除條件者，必須於條件成就後失其效力。至條件成就之效果，應否溯及既往，即應否追溯於法律行為成立之時，應依當事人之特約定之。此觀民法第九十九條之立法理由自明。依兩造所書立之『收據』（契約）第一條載明：上訴人應於簽約後三日內付出全部過戶

---

❻　參見 92 臺上 115。

❻　王澤鑑，頁 64。

❼　Medicus, Rn 647.

資料供被上訴人過戶，被上訴人並應於上訴人付資料時同時付完買賣價款全額之三分之二，否則該買賣契約無效。而所謂無效者自係指自始、確定、當然的無效，則被上訴人就其利息之請求，自上訴人收受一百十五萬元之翌日起算，委無不合」。

◎簡　評

本判決之說明，「查」字之後，似漏「法律行為」四字，又「必須」二字，亦屬多餘。但本判決表示，解除條件成就，當事人約定契約無效，故被上訴人就其已付款項請求返還時，自上訴人收受 150 萬元之翌日起算，仍值得贊同。

(二)終　期

依第 102 條第 2 項規定，法律行為附有終期，於期限屆滿時，失其效力。例如約定租賃契約之終期為 2009 年 12 月 31 日。於期限屆滿時，即失其效力（第 121 條第 1 項），故除依租賃契約主張租賃物返還請求權（第 450 條第 1 項；第 455 條）外，出租人係所有權人之情形，亦得依第 767 條規定之所有物返還請求權，以及第 179 條後段，對承租人請求返還租賃標的物占有，後者，乃因先前租賃契約存在，承租人屬有權占有；但租期屆滿，租賃契約失其效力，故原承租人之占有，已失其法律上之原因，成為無權占有。

反之，終期屆至前，仍有法律上之原因，例如 92 臺上 1376 表示，「上訴人乃於民國八十八年五月間同意將系爭房屋無條件借與被上訴人使用，難謂被上訴人係無權占有。至使用借貸之期限，雙方同意至被上訴人之小孩讀完國語實小為止，迄原審言詞辯論終結時，該期限尚未屆至，上訴人即不得請求遷讓房屋及返還相當於租金之不當得利或損害賠償。」

(三)解除權之行使

一方當事人得解除契約之依據，包括法定解除權（例如第 254 條至第 256 條；第 359 條；第 494 條；第 495 條第 2 項等；此外參見保險法第 64 條第 2 項，亦同），以及約定解除權❼，亦即依雙方當事人之約定，使一方當

---

❼　86 臺上 3165。

事人在一定情事下，有解除權之情形❼。此外，亦有依雙方嗣後之約定而解除契約之情形❼。此種依約定而生解除權，或依約定而使契約解除，在契約自由原則下，均屬當事人得約定之事項。

　　就協議解除契約之法律效果，最高法院認為，除經約定應依民法關於契約解除規定外，並不當然適用第 259 條規定，倘契約已為全部或一部之履行者，僅得依不當得利之規定請求返還其利益❼。但是應指出者，契約自由原則下，當事人得協議解除契約，亦得約定其法律效果。但是當事人未約定其法律效果時，未必「僅得依不當得利之規定請求返還其利益」，例如德國有學說認為，雙方當事人合意解除契約，若未明文約定向將來或溯及消滅契約，原則上應依個案情形解釋當事人之意思表示而定。例如繼續性債之關係，已為給付，宜解為終止，僅向將來消滅契約關係，已生或尚存之權利義務，不受影響；反之，以一次性給付為內容，或者繼續性債之關係，但是尚未給付，宜使權利義務基礎之契約，失其存在。再者，已為給付者，毋寧解為應予以返還，始較符合當事人之意思。因此若當事人別無不同之約定，並非僅僅發生不當得利返還請求權而已，反而宜解為雙方當事人成立約定之返還關係，而類推適用法定解除契約之效果規定❼；言下之意，就不能返還給付標的物之情形，當事人亦得類推適用第 259 條第 6 款規定，請求價額償還。

---

❼　約定解除契約與約定之解除權有區別，參見 86 臺上 3300。

❼　參見 57 臺上 3211；93 臺上 1026。

❼　59 臺上 4297；63 臺上 1989；91 臺上 92；93 臺上 1026 及 95 臺上 13。

❼　Larenz, Karl, Lehrbuch des Schuldrechts, Band I, Allgemeiner Teil, 14. Auflage, München, 1987, 272f. Text bei Fn. 13 bis Fn. 15. 此外，對於適用終止或解除之說明，91 臺上 577，值得參考。但是亦請參見 95 臺上 1731。

## 三 最高法院所謂「解除後契約自始消滅適用不當得利」之簡評

### (一)現有見解

最高法院一直認為，契約經解除者溯及訂約時失其效力，與自始未訂契約同。此與契約之終止，僅使契約嗣後失其效力者迥異[76]。最高法院較新之判決亦認為，契約一經解除，與契約自始不成立生同一之效果，即該契約所生之債權債務，應溯及既往歸於消滅[77]。雖然此一見解，仍是我國多數教科書所採之見解[78]，但是目前已有著作指出，最高法院採取所謂的直接效果說，係繼受自德國法上已不被採取之見解，目前德國通說認為，解除權的行使，於雙方的給付已履行時，發生回復原狀之清算關係，契約內容雖有變更，其債之關係仍然存在，根本不成立不當得利[79]。

最近，最高法院 93 臺上 957 再度認為，解除契約，契約自始消滅，不當得利返還請求權與第 259 條回復原狀請求權二者，發生請求權之競合，有請求權之債權人得就二者擇一行使[80]。最高法院本判決之見解與某一學說見解相同[81]。該說對此之說明是債權人行使不當得利請求權時，不適用

---

[76] 23 上 3968。

[77] 91 臺上 2332（但同時認為，其已由他方所受領之給付物，依民法第 259 條第 1、2 款規定應返還之；受領之給付為金錢者，應附加自受領時起之利息償還之）；93 臺上 2243；94 臺上 1860。

[78] 孫森焱，下冊，頁 763 及註 52；史尚寬，頁 506；鄭玉波，頁 361。

[79] 王澤鑑，頁 308；陳自強，〈雙務契約不當得利返還之請求〉，《政大法學評論》，第 54 期，頁 205 以下，頁 219-220；黃立，頁 241-242，頁 552。但是黃著，頁 552 仍引用 49 臺上 1597，頁 553 仍引用 23 上 3968，其內容，均非妥適。又德文之簡要說明，參見 Palandt/Heinrichs, Einf vor §346 Rn 6.

[80] 較早之前之 82 臺上 1292 即已採取二者併得行使之見解，對此，參見王澤鑑，頁 307。此外，94 臺上 1555；95 臺上 42，亦均有解除契約適用不當得利之說明。

[81] 史尚寬，頁 533。

同時履行抗辯權（第 261 條）。於此點，不當得利請求權有併存之實益 **⓼** 。但是應指出者，雙務契約無效，其當事人互負不當得利返還義務時，即使最高法院亦認為雙方得為同時履行抗辯權之主張 **⓽** ，因此僅以不當得利請求權不適用同時履行抗辯權，尚難以支持競合說之見解。

其次，91 臺上 2464 之原審法院亦曾採取舊德國通說見解而認為，契約解除時，當事人雙方有回復原狀之義務，由他方所受領之給付物，應返還之，受領之給付為金錢者，應附加自受領時起之利息償還之，第 259 條第 1 款、第 2 款定有明文，其性質為不當得利返還義務之特殊型態 **⓾** 。此外，94 臺上 1874，亦採相同見解。

綜上所述，對於解除契約後有關第 259 條及第 179 條規定之適用關係，有三種不同見解，第一說認為，解除契約，契約自始消滅，第 179 條之不當得利返還請求權與第 259 條回復原狀請求權二者，發生請求權之競合，有請求權之債權人得就二者擇一行使 **⓼** 。第二說是目前德國通說，即解除契約僅發生回復原狀之清算關係，契約內容雖有變更，其債之關係仍然存在，根本不成立不當得利 **⓼** 。第三說則是過去德國通說，即解除契約時，適用第 259 條有關雙方當事人回復原狀義務之規定，而其性質為不當得利返還義務之特殊型態，解除契約後，亦不適用不當得利之規定。

㈡本書見解

基於以下理由，本書認為解除契約不生溯及消滅契約之效力，亦不適用不當得利之規定。

1. 第 259 條正是有關解除契約法律效果之規定

我國民法區分第 179 條之不當得利及第 259 條之解除契約回復原狀，因此第 259 條乃有關解除契約法律效果之規定 **⓼** 。相對的，英國法並無有

---

**⓼**　史尚寬，頁 533。

**⓽**　89 臺上 594。

**⓾**　鄭玉波，頁 361–362；孫森焱，上冊，頁 161；同作者，下冊，頁 763。

**⓼**　93 臺上 957 以及 82 臺上 1292。

**⓼**　王澤鑑，頁 308；黃立，頁 241–242，頁 552。

關解除契約法律效果之規定 ❽，故僅得適用不當得利處理已為給付之返還問題 ❽。至於奧地利法，對解除契約之法律效果，並無特別規定，故亦適用不當得利請求返還 ❾。反之，依我國民法，解除契約後，應適用第 259 條規定，請求回復原狀，而非適用第 179 條規定之不當得利。

若我國民法果真有意如同最高法院上述判決般，將解除契約認定為溯及自始消滅契約，則我國民法實際不須制定第 259 條規定，因為既然解除契約係溯及自始消滅契約，則適用第 179 條以下有關無法律上之原因受利益致他人受損害之不當得利規定，已得以處理已為給付之返還，根本無須另行再於第 259 條對解除契約之法律效果加以規定。換言之，基於第 259 條之存在，得推論現行民法無意將解除契約解為溯及自始消滅契約；退步言之，基於第 259 條之存在及其與第 179 條以下尤其第 182 條第 1 項規定之差異 ❾，至少亦應採前者乃後者之特別規定之見解 ❾。因此解除契約之後，在第 259 條規定之外，再以解除契約係自始消滅契約為理由，而併行適用第 179 條不當得利之規定，乃違反第 259 條規定之存在目的，並且混淆第 179 條及第 259 條之區分。

---

❽ 90 臺上 1373；95 臺上 120；王澤鑑，頁 308；黃立，頁 241–242，頁 552。此外，朱柏松，《消費者保護法論》，民國 88 年 9 月增訂版，頁 365，對於消費者保護法第 19 條之規定，亦稱解除契約，應僅生回復原狀之效力，不適用不當得利規定（此外，並參見同書頁 364）。但是朱著頁 365 註 102 引用 63 臺上 1989 判例是否妥適，尚待思考。

❽ Treitel, G. H., Remedies for Breach of Contract, A Comparative Account, Oxford, 1988, 319, 314–315.

❽ Burrows, 337ff.

❾ 參見 Helmut Koziol/Rudolf Welser, Grundriß des bürgerliches Rechts, 13. Auflage 2007, 57 und 278.

❾ 參見黃立，頁 552，對解除權不承認「利益不存在之抗辯」（第 182 條第 1 項）之說明；Kaiser, Dagmar, Die Rückabwicklung gegenseitiger Verträge wegen Nicht-und Schlechterfüllung nach BGB, Tübingen, 2000, 59.

❾ 但是對於此一見解，參見以下 3.所述。

## 2.不當得利之無法律上之原因與法定解除權事由之區分

雖然我國民法繼受德國民法而區分不當得利與解除契約回復原狀，但是在第 179 條之外，為何仍然另有第 259 條規定，乃應加以思考之問題。第 179 條不當得利之無法律上之原因與法定解除權，原則上係以其原因事由究竟是發生於締約當時或締約之後而區分 ❾❸，即締約當時意思表示有瑕疵或不自由而得撤銷且經撤銷（參見例如第 88 條或第 92 條規定）、法律行為無效（參見例如第 71 條至第 73 條規定）、契約未成立或其他欠缺法律上之原因，而當事人已有所給付之情形，係適用有關不當得利之規定。相對的，締約之後，雙務契約之一方當事人有債務不履行之情事，依民法規定，他方當事人得解除契約（第 254 條至第 256 條及第 227 條第 1 項規定）❾❹，且已解除契約時，依據第 259 條規定，雙方當事人負回復原狀之義務。由於法定解除權之事由，原則上均係發生在締約之後，並非如同不當得利之無法律上之原因，其事由係發生在締約之前或存在於給付當時，而且第 259 條又已明文規定其回復原狀之細節，故得以推論民法當無意將行使法定解除權之情形如同不當得利之無法律上原因般加以處理，解釋適用上自不宜採取解除係溯及自始消滅契約之見解 ❾❺。

## 3.德國通說、英國法及其他國際之趨勢

德國通說認為，解除契約並不溯及消滅契約，但為免令人誤會此等見解係德國通說之偏見，應簡短介紹英國法或其他國際趨勢。

英國法之見解 ❾❻ 與上揭德國通說之見解極為類似。英國學說表示，契

---

❾❸　參見 Kaiser，上揭書，5。例外情形，即原因事由係發生在締約之前或給付之時，仍採解除權之規定，參見例如保險法第 64 條第 2 項及第 25 條規定、消費者保護法第 19 條及民法第 360 條之出賣人故意不告知瑕疵，買受人得解除契約之規定；反之，原因事由發生在契約成立之後，卻仍採撤銷權之規定，參見民法第 416 條及第 417 條規定。

❾❹　此外，參見民法第 359 條及第 494 條等。

❾❺　有關解除契約之法律效果規定，尤其第 259 條遠優於第 182 條第 1 項規定之說明，參見第四章，第一節，二，㈠，3.。

❾❻　以下參見 McKendrick in Chitty on Contracts, ed. by Beale, H. G., 29th ed.,

約之不履行，絕對不影響契約之存在以及效力，僅被害人得請求損害賠償，一定情形下 ❾⃝ ，亦得解除 (terminate) ❾⃝ 契約。但是解除契約全然有別於撤銷之情形；因不履行而解除契約僅使雙方當事人免除履行之主要責任以及免除請求履行之主要權利，但不影響因不履行而既已發生之權利與責任，即不履行之當事人就其不履行負有金錢之賠償義務 ❾⃝ ；反之，撤銷 (rescission) 具有溯及效力，使契約自始無效，而使契約視為自始不存在，至於當事人間之權利義務亦溯及消滅，雙方應在可能範圍內將原先依契約所受領者返還他方當事人 ⓿ 。

值得注意的是，英國學者指出，「解除」契約之用語可能令人誤以為契約一經解除，契約即不再存在，例如曾有英國上訴法院判決認為，一方當事人違約，而他方解除契約之情形，該一方當事人即無從引用契約中有關免除責任條款之規定，但是此等見解已遭英國上議院 (House of Lords) 在另一判決中加以推翻 ⓿ 。再者，即使已解除契約，計算損害賠償時，亦須顧及契約之條款以確定契約承諾之履行義務，包括在解除之後才屆至清償期之履行義務；而且損害賠償總額預定之違約金，以及排除或限制損害賠償責任之條款，亦仍有效。此外，雖然解除契約即消滅雙方當事人依契約之主給付義務，但是有關解決契約爭執之約定仍然完全有效。最後，仲裁條

---

Volume 1, 2004, 24–001, 24–047, 24–048; Goode, Roy, Commercial Law, 3$^{rd}$ ed., 2004, 79–80, 123–124; Furmston in Cheshire, Fifoot and Furmston's Law of Contract, 14$^{th}$ ed., 2001, 311–313, 604–605; Atiyah, P.S. /Adams, John N./Macqueen, Hector, The Sale of Goods, 11$^{th}$ ed., 2005.

❾⃝ 對此，參見 McKendrick, 24–001–24–046.

❾⃝ Treitel，頁 318 以下，係以 Termination 翻譯德文之 Rücktritt（解除）；又 Principles of European Contract Law, Parts I and II, ed. by Ole Lando and Hugh Beale, 2000, 426 亦同。

❾⃝ McKendrick, 24–047; 24–048 at Fn. 260 and Fn. 261; 24–051 at Fn. 274; Goode, 79–80.

⓿ Goode, 80.

⓿ McKendrick, 24–047.

款若未特別限制，即使解除契約亦仍有效而得繼續適用 ❿。

契約一經解除，若如最高法院所言，即溯及訂約時失其效力，與自始未訂契約同，或者與契約自始不成立生同一之效果，則當事人如何請求不履行損害賠償，不無疑問。固然第 260 條規定係在立法政策上，對於契約（解除）之溯及效力，酌加限制，允許當事人得就債務不履行所生損害，請求賠償；此外，第 260 條亦得適用於損害賠償總額預定或懲罰性之違約金之約定，故二者於契約解除時，仍得請求 ❿。雖然如此，此一見解仍難以說明損害賠償以外之事項，尤其若採契約一經解除，即溯及消滅之見解，頗難合理說明為何契約之仲裁條款或管轄法院之約定仍然得以適用 ❿，因此諸如 1980 年聯合國國際商品買賣公約 (CISG) 第 81 條第 1 項明文規定，因契約之解除使雙方當事人免除契約之債務，但是可能之損害賠償請求權，不在此限。解除契約並不影響任何有關解決爭議之契約規定或任何其他有關雙方當事人契約解除後之權利義務之規定；其次，私法統一國際協會 (Unidroit) 之國際商務契約原則第 735 條以及歐洲契約法原則 (PECL) 第 9: 305 條亦均採極為相似之規定 ❿，例如契約解除後，當事人仍應依契約約定之保密義務規定，保守相關祕密 ❿。在此，若採最高法院見解，解除契

❿　McKendrick, 24–048.

❿　對第 260 條之說明，參見楊芳賢，《政大法學評論》，第 58 期，頁 167–203。至於 2002 年 1 月 1 日生效施行之德國民法第 325 條已修正為解除契約不影響雙務契約下損害賠償之請求，而同於我國民法第 260 條。

❿　就仲裁條款或管轄法院之約定，尤其參見 Principles of European Contract Law, Parts I and II, 420 之說明。但是有關仲裁條款之約定，參見我國仲裁法第 3 條規定，即契約縱不成立、無效或經撤銷、解除、終止，不影響仲裁條款之效力。

❿　分別參見 Principles of International Commercial Contracts, published by the Unidroit, 1994（但已有 2004 版), 189; Principles of European Contract Law, Parts I and II, 419.

❿　Principles of International Commercial Contracts, published by the Unidroit, 1994（但已有 2004 版), 190; 並參見陳自強，〈雙務契約不當得利返還之請求〉，《政大法學評論》，第 54 期，頁 205 以下，頁 220。

約，契約即溯及消滅，實際難以處理上述已具國際共識之相關問題，例如排除或限制損害賠償責任之條款，或契約約定之保密義務規定等。

4. 解除契約之溯及消滅契約有別於解除契約之溯及效力

依上所述，德國通說與英國法係採取解除契約不生溯及消滅契約之效力。但是解除契約不生溯及消滅契約之效力並不表示解除契約不生溯及效力，例如解除契約既係使契約約定之主給付義務消滅，無疑具有溯及之效力[107]；同理，一方當事人已全部或一部履行契約者，解除契約後，得就其已依契約給付或支付者，請求他方當事人回復原狀，亦具有溯及之效力[108]。此外，英國法下，商品所有權已移轉買受人，而出賣人依法解除契約時，已移轉之所有權亦回復為出賣人所有，而與撤銷之溯及力，極為相似[109]；但是對此，就我國民法而言，於所有權已移轉時，基於法定解除權係規定於債編之體系解釋，以及物權行為之獨立性與無因性原則，宜認為解除契約僅發生債權之效力。雖然如此，如上所述，英國法並未因此採取解除契約即溯及消滅契約之見解。因此最高法院有必要斟酌區分解除契約之溯及消滅契約效力與解除契約之溯及效力，而只須認為解除契約，該契約所生之債權債務，應溯及既往歸於消滅，已履行之給付，應回復原狀，而不須認為解除契約即溯及消滅契約而得適用不當得利規定。

 解　說

> 例題 2. 之情形，甲應適用第 259 條規定，請求回復原狀，而非依第 179 條請求不當得利返還。

## 四 其他最高法院裁判及其簡評

### (一) 29 上 1306 (1)

關於金錢債務約定利息，29 上 1306 (1)表示「約定利率超過週年百分

---

[107] Treitel, 383; Atiyah/Adams/Macqueen, 468.

[108] Treitel, 383.

[109] Atiyah/Adams/Macqueen, 468 and 530.

之二十者，民法第二百零五條既僅規定債權人對於超過部分之利息無請求權，則債務人就超過部分之利息任意給付，經債權人受領時，自不得謂係不當得利請求返還」。

◎簡 評

亦即第 205 條僅規定債權人無請求權，而非契約無效，故債權人受領給付，仍有法律上之原因，不構成不當得利❶。

## (二) 93 臺上 2556 與 87 臺上 937

93 臺上 2556 表示，上訴人（臺電公司）於完成徵收程序、發給補償地價及補償費前，本不得進入系爭土地工作，被上訴人（地主等）即仍得繼續使用該土地。原判決依兩造協議之文義，認「先行施工獎勵金」其性質係上訴人於取得系爭土地所有權前，欲先行進入施工，並排除被上訴人之繼續使用，所給予之對價，尚無可議之處，……。則被上訴人提供系爭土地之使用權同意書、切結書、印鑑證明書等資料予上訴人，並不再種植作物，使上訴人得以派員進入測量、預為分割、清除地上物，即已履行領取該「先行施工獎勵金」之對待給付義務，此與徵收土地對價之地價款部分應屬可分，不因嗣後徵收部分生變而成為無法律上原因。

◎簡 評

對本判決之見解，應予肯定。本件臺電公司欲徵收之土地係坐落南投縣埔里鎮某段某地號土地內，作為臺電公司輸電線路鐵塔基地使用，本判決解為仍有法律上之原因，對地主等保護明顯較為周到。

相對的，最高法院 87 臺上 937 認為，被上訴人於土地徵收計畫未核定前，亟需使用土地，對上訴人先行發放系爭補償費，上訴人則同意將土地先行提供於被上訴人施工使用，既為原審確定之事實。則上訴人放棄耕作以提供土地，係因信賴兩造先行使用土地之約定，得領取系爭補償費，其受領自難謂非善意，雖因徵收計畫撤銷，解除條件成就，致系爭補償費之受領失其權源，然依上說明，其應負返還責任者，僅被上訴人請求返還時之現存利益而已；倘彼時上訴人有因領取補償而放棄耕作致生果樹之損失，

❶ 此外，參見 33 上 764。

於計算利益時即得扣除之。若此，上訴人抗辯：其因領取系爭補償費後，已將地上物任由被上訴人處理，多年來已荒蕪，損害甚鉅，被上訴人不得請求償還云云，似非無據。

本判決係採相關之補償費，因徵收計畫撤銷，解除條件成就，成立不當得利，但地主得主張因信賴該利益為應得之權益而發生損失，而在返還時加以扣除。雖然本判決所謂，不當得利受領人得主張因信賴該利益為應得之權益而發生之損失，得在返還時加以扣除，若不針對本判決而言，應予以肯定⑪，但是本判決認為，地主得依第 182 條第 1 項規定，主張因領取補償而放棄耕作致生果樹之損失，尚有疑問。本書認為，地主既已取得補償，即無從就放棄耕作有所主張，反而法律上宜認為，臺電公司已取得使用收益之利益，但無法律上之原因，且不能原狀返還，故適用第 181 條但書，應償還其價額，而當事人間就先行使用土地已約定相關之補償費，即使無效，亦屬客觀行情，故地主應返還之補償金，與臺電公司使用收益依客觀說⑫計算之價額，原則上應屬同額，互相抵銷（第 334 條第 1 項）。換言之，本件並非地主有所受利益不存在之問題，而是臺電公司有利益不能返還，應償還價額之問題⑬；而且，即使臺電公司得依第 182 條第 1 項規定，進而主張所受利益不存在，亦宜適用所謂差額說⑭，或對本條項規定目的性限縮，處理相關問題⑮。尤其，契約有效或無效，不應導致地主權益有所差別，否則價值判斷顯有矛盾，故有法律上之原因時，地主得保有原受領之先行施工補償費；無法律上之原因構成不當得利之情形，臺電公司亦有使用收益之利益而不能返還，應償還其價額予地主，適用客觀說，計算其價額，原則上相當於原先發放之先行施工補償費，故成立不當得利之情形，臺電公司與地主之返還請求權，互相抵銷。又即使臺電公司主張

---

⑪ Esser/Weyers, 111; siehe auch Larenz/Canaris, 296 bei Fn. 4 und 299–300.

⑫ 參見第四章，第一節，一，(二)。

⑬ 不同見解，王澤鑑，頁 252–253。

⑭ 參見第四章，第一節，二，(一)，3.。

⑮ 參見第四章，第一節，二，(一)，3.。

所受利益不存在，如上所述，應限制之，故臺電公司不得對地主請求返還系爭補償費❶⓰。

## ㈢ 91 臺上 2456

按依不當得利之法律關係為請求者，以被請求人無法律上之原因而受有利益，致請求人受有損害為要件。倘被請求人之受有利益有其法律上之原因，而請求人係因他人之行為致受有損害，除法律另有規定外，自不得向被請求人請求返還。本件系爭房地之所以登記為上訴人名義，係被上訴人為恐遭強制執行，與其堂兄粘○○商議後，以不知情之上訴人名義為信託登記，為原審認定之事實。果爾信託關係是否存在於被上訴人與粘○○之間？兩造既無權利義務關係之約定，則粘○○提供上訴人名義作為信託登記名義人，似應與上訴人發生一定之法律關係，其間之法律關係為何？應係判斷上訴人是否為無法律上之原因而受有利益之前提。原審就此未遑詳加調查審認，遽為上訴人不利之判斷，自嫌率斷。

## ◎簡　評

本件涉及被上訴人（甲），粘○○（乙）及上訴人（丙）。

甲與丙，並無直接之法律關係。又丙與乙之間，丙並不知乙係提供丙名義供移轉登記，以免甲系爭房地遭強制執行，反而丙以為係受贈與而獲得系爭房地。甲與丙之間移轉房地所有權之登記及作為其依據之契約關係，並非互相直接作為意思表示之表意人與受領人，而是如同縮短給付之情形。在此，乙與丙間，得認為乙對丙為虛偽之贈與要約意思表示，但是丙不知，更不知甲無欲為其意思表示所拘束，故丙所為承諾之意思表示與虛偽贈與要約意思表示仍因一致而成立贈與契約，乙及甲不得主張其意思表示無效（參見第 86 條及第 87 條第 1 項）。換言之，丙取得系爭房地所有權有贈與契約為依據，具有法律上之原因，不符不當得利應具有無法律上之原因而受利益之要件。

依上所述，丙取得系爭房地所有權，有法律上之原因，故其轉賣他人得款，係有權處分而取得價款；甲無從對丙請求返還。另一方面，乙與丙

---

⓰　參見第四章，第一節，二，㈠，3.。

間，依丙之主張，乃贈與契約，屬於無償之法律關係，因此甲之債權人，就有害於其債權之情形，即使並非適用，至少亦得類推適用民法第 244 條第 1 項規定，聲請法院撤銷之；因此丙負有返還不當得利之義務（第 244 條第 4 項），但是丙就其取得之出賣價金，在未經請求返還之前，不知無法律上之原因，故若有所受利益不存在之情形，亦得依第 182 條第 1 項規定主張之[117]。

### ㈣ 95 臺上 325

本件之原審判決認為，「按買賣契約解除後，契約自始不生效力，買受人因買賣而占有使用買賣標的物而受有相當於租金數額之利益即屬不當得利，應返還予出賣人。從而上訴人主張被上訴人自八十五年四月十八日起因買賣而占有使用系爭廠房迄今，受有相當於租金數額之不當得利，應返還予上訴人，並以之與被上訴人請求之金額抵銷，自屬於法有據」。

最高法院本判決認為，原審「遽認兩造約定違約金數額，應以被上訴人因契約解除而應返還上訴人相當於租金數額之不當得利為適當，難謂無判決不備理由之違法」。

◎簡　評

本判決並未針對原審所謂解除後，契約自始不生效力，並適用不當得利之見解，表示意見。但是原審判決之見解全然無視於第 259 條第 3 款之規定，明顯不當。

### ㈤ 95 臺上 351

本判決表示，「按無法律上之原因而受利益，致他人受有損害者，應返還其利益；雖有法律上原因，而其後已不存在者亦同，民法第一百七十九條著有明文，是依不當得利法則應負返還義務者，不以其受利益本屬無法律上之原因者為限，其受利益時雖有法律上之原因，而其後已不存在者亦得請求返還。查上訴人係基於不當得利之法律關係請求被上訴人返還二千萬元，原審僅謂被上訴人於九十二年一月九日以中和郵局第三五號存證信函表示因上訴人有違約情事並未改善，而依系爭契約書第拾肆條第四項約

---

[117] 對此，參見第四章，第二節，一。

定終止系爭契約，復係依系爭合約之約定收受二千萬元貨款，自非無法律上之原因而受利益，即為不利於上訴人之判決，未遑就系爭合約終止後，被上訴人收受上開貨款之法律上原因是否因而不存在，或被上訴人於終止契約後有何不必返還該貨款之依據，予以論斷，顯有疏略。上訴論旨，執以指摘原判決為不當，求予廢棄，非無理由」。

◎簡　評

　　最高法院本判決上述見解，原則上應予贊同。應指出者，終止契約之後，有應依不當得利返還者，亦有不須依不當得利返還者，前者，例如承租人占有出租人之房屋或汽車等租賃標的物之情形；後者，例如契約終止之前，出租人所收取之租金，或承租人就物所為之使用收益之利益。因此終止契約，仍應注意終止前所受領之給付是否即為有法律上之原因，而非一概認為契約終止之前，當事人間之給付有法律上之原因，不成立不當得利。

　　本件之被上訴人（甲）因上訴人（乙）有違約情事並未改善，而依系爭契約書約定終止系爭契約，然而甲又已依系爭合約之約定收受 2000 萬元貨款，雖然原審法院認為，「自非無法律上之原因而受利益」，但是如同最高法院本判決所言，（原審法院）「未遑就系爭合約終止後，被上訴人收受上開貨款之法律上原因是否因而不存在，或被上訴人於終止契約後有何不必返還該貨款之依據，予以論斷，顯有疏略」。雖然如此，本件之原審法院在理由中曾提及本件兩造既因契約已就存續期間另有約定，則乙亦不得以甲無法依約定期限完成系爭遊戲軟體並收費為由終止契約，則乙請求依系爭契約書第拾肆條第四項約定返還已繳款項，亦非可採之語，則究竟本件得否或已否終止契約或另有約定，似尚有疑問，故本件之事實究竟如何，尚待第二審法院在發回後予以調查認定。

# 第四節

## 三方當事人之不當得利

　　以下說明三方當事人不當得利之法律問題。

# 一 處理原則及例外

涉及三方或多數當事人的不當得利，基本處理原則，是在有瑕疵之法律關係中，處理當事人相互間不當得利之返還請求。例外，最重要的是第183 條之直接適用或類推適用。採取此一原則之主要理由，首先在於當事人是透過契約互相選擇對方作為當事人，亦即彼此自行選擇對方成立法律關係，所以當事人相互之間，應當維持彼此之間之抗辯，例如買受人遭出賣人依不當得利請求返還買賣標的物時，得就其已對出賣人給付價金之返還，提出同時履行抗辯。或者相反，契約之一方當事人不應遭受第三人主張第三人與他方當事人之契約關係所生之抗辯。此外，契約當事人亦應承擔契約相對人之支付不能或破產之風險，而不應當承擔相對人以外之第三人支付不能或破產之風險**⓲**。

 **例題 1**

甲購買乙之建材，甲並將該建材施工於丙房屋，發生添附之結果。若甲乙間之買賣契約不存在，乙應對甲或丙請求不當得利？

 **解　說**

甲購買乙之建材施工於丙之房屋，且發生添附之結果，若甲乙之間契約無效、不成立或意思表示被撤銷等，將會發生何人對何人得請求不當得利之法律問題。依上所述，原則上應在瑕疵法律關係當事人間處理不當得利返還問題，而有瑕疵的法律關係是在甲乙之間，故本例應由乙向甲為請求。

在此，必須特別注意的是為何並非乙對丙請求不當得利返還。固然乙之建材添附在丙之房屋，丙取得建材所有權，而乙喪失建材所有權，依第816 條之規定，乙似得對丙請求償金，但實際結果卻是否定，反而應由乙對甲請求，

---

**⓲** Larenz/Canaris, 247; Medicus, Rn 725; 陳自強，〈委託銀行付款之三角關係不當得利〉，《政大法學評論》，第 56 期，頁 12–14，在上述觀點之外，並提及公平分配當事人及訴訟角色。

理由是乙在法律關係下之交易相對人是甲，而且乙移轉交付建材所有權給甲，換言之，甲是乙所挑選之交易相對人，於買賣契約無效、不成立或意思表示被撤銷時，在乙與甲間成立所謂給付類型之不當得利。在此，若乙得對丙請求償金，對丙並不公平，因為丙由甲依物權行為移轉建材所有權時，若得以善意取得乙之建材之所有權，而且無須返還或償還受損害之乙，則丙依添附規定取得乙之建材之所有權時，於其係善意、有償、建材並非盜贓遺失物，而且承攬人甲或建材之原所有人乙並非無行為能力人之前提下，丙應可終局保有建材所有權，因此乙無從對丙依第 816 條，請求償金 **⑲**。此外，若允許乙得對丙請求償金，則當丙再對甲求償時，亦可能造成甲對乙原本得主張之抗辯無法主張，因此乙對丙不得依第 816 條規定，請求償金。另外，乙喪失建材所有權是基於甲乙間之讓與合意（第 761 條第 1 項），而非於甲將建材施工於丙之房屋時才喪失所有權，因此乙對丙不成立不當得利。

 **例題 2**

丁之建材寄放承攬人戊處，但因戊為定作人己工作，而將該建材施工於己之不動產，並因附合而喪失建材所有權。試問，本例應由何人對何人請求不當得利？

 **解　說**

本件案例，喪失建材所有權之第三人丁，無從對己，主張非給付之不當得利，而僅得對於戊主張之。在此，如上段所述，依物權行為移轉所有權之善意取得應與依添附而取得建材所有權，相同處理，亦即受利益之己，由戊依物權行為移轉建材所有權，得以善意取得，而且無須返還予受損害之丁，則己依添附規定取得丁之建材所有權，於其係善意、有償、建材並非盜贓遺失物，而且戊或丁並非無行為能力人時，己亦得終局保有建材所有權 **⑳**，因此丁對己，無從依第 816 條請求償金；反而丁僅得對戊請求建材之價額（第

**⑲**　Larenz/Canaris, 178, 203, 212ff., 216 und 217. 此外，參見王澤鑑，頁 232。

**⑳**　Larenz/Canaris, 178, 203, 212ff., 216 und 217.

181 條但書）。

## 二 給付連鎖

所謂給付連鎖，乃指例如甲出賣某物給乙，並移轉交付，乙再將該物轉賣給丙，並移轉交付該物。以下說明可能情形：

 **例題 1**

甲乙間之買賣契約無效、不成立或意思表示被撤銷，而丙已取得物之所有權，應由何人對何人，如何主張不當得利？

 **解　說**

此一情形，應由甲對乙依第 179 條，請求該物所有權之不當得利返還，但是因該物所有權已由丙取得，故屬第 181 條但書之其他情形不能返還者，而應償還其價額。至於甲對丙，因丙是依其與乙之買賣契約，進而依乙之物權移轉行為而取得該物所有權。固然乙丙間之買賣契約，因契約相對性原則，無從對抗第三人例如甲，但是丙係依乙對該物之有權處分，依乙與丙對該物之讓與合意及交付，而取得該物之所有權，甲已喪失該物之所有權，故甲無從對丙主張第 767 條之所有物返還請求權。而且，丙取得該物之所有權，有其與乙間之買賣契約為依據，有法律上之原因，乙無從請求不當得利返還。換言之，丙已終局確定取得該物之所有權，不僅乙，而且甲亦無從對丙主張不當得利。德國學說表示，此一情形，甲與丙並無任何關係，甲僅得對乙主張不當得利 [121]。

 **例題 2**

若僅乙與丙間之買賣契約有無效、不成立或意思表示被撤銷，而物權行為有效，應由何人對何人，如何主張不當得利？

---

[121]　Esser/Weyers, 50. 本頁並說明，同理，乙與丙間，買賣契約無效、不成立或意思表示被撤銷，乙亦僅得對丙依不當得利請求物之所有權之返還。

**解　說**

　　於此情形，則丙已取得該物之所有權，乙得依第 179 條，請求丙返還該物所有權**⑫**。

 **例題 3**

　　若甲與乙以及乙與丙間之買賣契約均有無效、不成立或意思表示被撤銷，應由何人對何人，如何主張不當得利？

 **解　說**

　　若甲與乙，而且乙與丙間之買賣契約均有無效、不成立或意思表示被撤銷，即所謂雙重瑕疵，但因物權行為獨立性與無因性，物之所有權已由丙取得之情形，究竟如何處理不當得利之返還，不無疑問。

　　首先，過去見解認為，甲得對乙請求不當得利返還，乙得對丙請求不當得利返還，故甲得直接對丙請求不當得利返還。但是此一見解可能造成甲必須承擔丙支付不能、破產或抗辯，而且亦造成乙喪失對甲抗辯之結果，因此目前通說認為應由甲對乙，乙對丙個別請求，即在個別瑕疵法律關係當事人間請求不當得利之返還，以免違反上揭三方當事人不當得利之斟酌因素。

　　其次，在個別請求之見解之下，目前尚有爭議者在於甲對乙請求不當得利返還之客體。對此，有採所謂雙重不當得利請求權說者認為，甲對丙，固無從直接請求不當得利返還；甲充其量僅得請求乙讓與「乙對丙之不當得利返還請求權」，因為此乃乙所受之利益**⑬**。但是應指出者，乙自甲所受之利益乃是該物之所有權**⑭**，而非本說所稱之「乙對丙之不當得利返還請求權」，而且由於乙移轉該物之所有權予丙，乙無從就原物所有權予以返還，故應適用第 181 條但書規定，應償還價額；而且乙亦不得因丙未能返還或償還，而對甲主張第 182 條第 1 項之所受利益不存在**⑮**，因為乙係依自己財產上之決

---

**⑫**　Esser/Weyers, 50.

**⑬**　Esser/Weyers, 50; 王澤鑑, 頁 93–94；又王著，稱此為雙重不當得利請求權說。

**⑭**　MK/Lieb, §812 Rn 48 bei Fn. 112.

定，而對丙為給付，故乙亦應承擔丙之支付不能或破產；而且，若僅乙丙之法律關係有瑕疵，乙僅能對丙請求不當得利返還，因此當乙與甲之關係亦同時有瑕疵時，即發生所謂之雙重瑕疵，乙亦不得將丙支付不能或破產之風險轉嫁至甲 **126**；故雙重瑕疵時，不生因此由甲對丙請求不當得利返還之結果。

再者，上述雙重不當得利請求權說之見解亦有違三方當事人間不當得利之基本處理原則，即僅在有瑕疵之法律關係當事人間處理不當得利返還之問題，因為採取乙讓與其對丙之不當得利返還請求權予甲之見解，則甲必須承擔丙之支付不能或破產之風險；而且既係債權讓與，丙依第 299 條第 1 項及第 2 項規定，就一切得對抗讓與人乙之事由，均得以之對抗受讓人甲，對甲並非有利。因此本例宜採甲對乙，乙對丙個別請求不當得利返還之見解。

附帶而言，採雙重不當得利請求權說見解認為，若採雙重不當得利請求權說，可使甲得直接對丙請求；若採所謂價額說，則請求權人甲即不能直接向第三人丙請求返還其所為給付，亦屬不利 **127**。但是應指出者，甲與乙就標的物為買賣並移轉所有權，即應承擔可能無從對乙請求返還原物之風險，尤其乙可能進而將標的物轉讓第三人。而且，在乙轉讓第三人丙之情形，依據第 183 條規定，僅當乙係善意，並對丙無償讓與其所受之利益，且得主張所受利益不存在，甲才可直接對第三人丙請求不當得利返還。因此上述見解之理由，尚有疑問。

## 例題 4

若甲與乙間買賣契約及物權行為均因意思表示被撤銷而無效，而丙已取得物之所有權，則情形如何？

## 解 說

甲與乙之間之買賣契約與物權行為，因具有共同瑕疵，經甲撤銷意思表

---

**125** MK/Lieb, §812 Rn 49; Larenz/Canaris, 205f.

**126** MK/Lieb, §812 Rn 49; Larenz/Canaris, 205f.

**127** 王澤鑑，頁 94。

示，故買賣契約與物權行為均為無效（第 114 條第 1 項），故乙尚未取得該物之所有權，但乙已與丙締結買賣契約，並移轉交付該物予丙。此一情形，甲與乙間之物權行為無效，物之所有權人仍是甲。至於乙與丙間之買賣契約乃債權行為，僅成立債權債務關係，亦有效，但因乙未取得該物所有權，故乙對丙所為移轉所有權之讓與合意（及交付），乃無權處分，效力未定（第 118 條第 1 項）。但若丙依其與乙之物權移轉行為而善意受讓該動產之占有，丙依第 801 條及第 948 條規定，仍取得動產之所有權，而且丙亦有其與乙之買賣契約為法律上之原因。

德國學說認為，丙乃係依動產善意受讓規定作為其取得之法律上之原因，而得對抗甲，否則一方面丙得善意取得，另一方面卻又因其與乙之買賣契約，因契約相對性原則，無從對抗甲，解為無法律上之原因，應返還動產所有權予甲，則動產善意受讓規定即形同具文，因此宜認為丙乃係以動產善意受讓規定作為其取得之法律上之原因，而得對抗甲，故甲對丙無從請求不當得利之返還[128]。

 **例題 5**

若甲乙間之買賣契約無效、不成立或意思表示被撤銷，而丙已取得物之所有權，但乙與丙間乃贈與契約，則情形如何？

 **解　說**

此一情形，丙乃無償之有權處分之受讓人。依據上段所述，原則上，甲對丙無從請求不當得利。但是值得注意的是，第 183 條之例外規定。亦即上述例題 1 之情形若更改為甲乙間是買賣契約，而乙丙間乃是贈與契約，標的物所有權亦已由丙取得，且若甲乙間之買賣契約無效、不成立或意思表示被撤銷，而乙與丙之法律關係並無瑕疵；在此，固然甲對乙，得依第 181 條但書，請求價額償還。但是乙就其取得之物之所有權，已經依其與丙之贈與契約，進而移轉該物所有權給第三人丙。此時，若是乙得依第 182 條第 1 項規

[128]　Larenz/Canaris, 138f.（Fn. 22 並稱此，在結果上乃德國通說見解），144f., 200.

定，主張所受利益不存在，則即有可能得以適用第 183 條規定。亦即若乙受領時，即取得物之所有權時，不知無法律上之原因，並進而贈與該物予丙，而且亦未節省任何費用，則依第 182 條第 1 項規定，乙免負返還或償還價額之義務。而丙雖然已有效取得物之所有權，但是依據第 183 條規定，甲仍得例外直接對丙請求返還該物之所有權。第 183 條規定之主要理由是本例中之第三人丙，雖然是依乙之有權處分受讓物之所有權，但是卻是依丙與乙之贈與契約而無償受讓。依第 183 條規定，無償受讓之第三人丙，在不當得利受領人乙，以其所受者，無償讓與第三人丙，而受領人乙因此免返還義務，第三人丙於乙所免返還義務之限度內，對甲負返還責任。亦即關鍵在於本條規定之不當得利受領人乙，以其所受者，無償讓與第三人丙，故第三人丙相較於甲較無受保護的必要，而規定應對甲負返還責任。在此，若無第 183 條規定，甲無從對丙直接請求不當得利，因為如上所述，丙是基於乙的有權處分，而且乙丙間也有有效契約作為其財產移轉變動之法律上之原因。

 **例題 6**

若甲與乙間買賣契約及物權行為均因意思表示被撤銷而無效，而丙已取得物之所有權，但乙與丙間乃贈與契約，則情形如何？

 **解　說**

此一情形，丙乃無償之無權處分之受讓人。甲與乙之間之買賣契約與物權行為，因具有共同瑕疵，經甲撤銷意思表示，故買賣契約與物權行為均為無效（第 114 條第 1 項），故乙尚未取得該物之所有權，甲仍為所有權人。其次，乙與丙間有關該標的物之贈與契約，雖係以甲之所有物為標的，法律上仍為有效，因為贈與契約性質上係債權行為，僅涉及債權債務關係，與物之所有權無關。至於乙對丙移轉該物所有權及交付部分，因乙非物之所有權人，故屬無權處分，效力未定（第 118 條第 1 項）。但是若丙依其與乙之物權移轉行為而善意受讓該動產之占有，丙依第 801 條及第 948 條規定，仍取得動產之所有權，而且丙亦有其與乙之贈與契約為法律上之原因。至於甲對丙並無

任何關係，而且依據上述，丙得依善意受讓規定作為法律上之原因對抗甲[129]，故甲僅得對乙主張權利。

　　上段情形，甲因乙之無權處分行為而喪失該物之所有權，故甲得對乙主張何等權利，即成為法律問題。首先，在乙不知自己係無法律上之原因之前提下，乙對丙所為物之所有權移轉行為，並非「明知不法管理」，而且乙與丙係無償，故甲無從亦無須對乙主張第 177 條第 2 項。其次，因丙已善意取得，故甲已喪失該物之所有權，甲無從對乙或丙，依第 767 條主張所有物返還請求權。再者，乙實際僅取得物之占有，而由乙依無權處分使丙依動產善意取得規定而善意取得該物之所有權，乙已無法返還占有，而且乙與丙間係贈與契約，乙並未取得對價，而且若乙並未節省任何費用，乙依第 182 條第 1 項規定，亦得主張所受利益不存在。換言之，本例之甲喪失該物之所有權，而乙亦得依第 182 條第 1 項，主張所受利益不存在，而丙取得該物之所有權。

　　依上揭例題 5 之所述，直接適用第 183 條規定，所涉及者乃無償之有權處分；相對的，涉及無償之無權處分者，我國學說認為，仍應類推適用第 183 條規定[130]。因為如上所述，本條之適用關鍵主要在於不當得利受領人乙得主張所受利益不存在，而且其與第三人丙間是無償讓與。本例中，不當得利受領人乙與第三人丙間也是無償之贈與關係，差別僅在於直接適用本條者，不當得利受領人乙已取得物之所有權，故係有權處分，反之，在本例不當得利受領人乙僅取得物之占有，而對第三人丙為無權處分，第三人丙再依動產善意受讓規定取得該物之所有權[131]，因此二者具有相同之關鍵因素：第三人丙係無償受讓。由於本例之第三人丙，係無償取得物之所有權，相較於不當得利返還請求權人甲，較無保護必要，故得肯定第 183 條之類推適用。

　　附帶而言，上述情形係甲撤銷債權行為及物權行為之意思表示，但若甲係無行為能力人，致其所為債權行為及物權行為之意思表示均為無效（第 75 條），德國通說認為，此一情形，甲移轉交付之標的物，乃遺失物，故甲得依

---

[129]　Larenz/Canaris, 138f., 144f., 200.

[130]　王澤鑑，頁 180–186，尤其頁 186。

[131]　MK/Lieb, §816 Rn 7.

第 949 條規定，直接對第三人丙請求返還；同理，丙係惡意亦同⑬。

 **例題 7**

若甲與乙間買賣契約及物權行為均因意思表示被撤銷而無效，而丙已取得物之所有權，但乙與丙間之買賣契約卻無效、不成立或意思表示被撤銷，則情形如何？

 **解 說**

此一情形，就乙與丙之關係涉及所謂無法律上原因之有償之無權處分，對此，參見第三章，第二節，四之說明。

## 三 縮短給付

 **例 題**

甲出賣某畫給乙，乙亦出賣該畫給丙，但乙指示甲直接交付該畫給丙。

1.若甲與乙間之買賣契約無效、不成立或意思表示被撤銷，應由何人對何人請求不當得利之返還？

2.若乙與丙間之買賣契約無效、不成立或意思表示被撤銷，應由何人對何人請求不當得利之返還？

3.若甲與乙，以及乙與丙間之買賣契約均無效、不成立或意思表示被撤銷，應由何人對何人請求不當得利之返還？

4.又標的物涉及不動產時，在上述三種情形，應由何人對何人請求不當得利之返還？

縮短給付係指例如甲出賣某物給乙，乙亦出賣該物給丙，但乙指示甲直接交付標的物給丙。乙所以如此決定，就動產而言，主要是因為可以避

---

⑬ Larenz/Canaris, 200f. 此外，對無行為能力人移轉交付之標的物，性質上乃遺失物，並參見楊佳元，〈關於未成年人之法律行為〉，《政大法學評論》，第 98 期，頁 85–86。

免運送風險，也可以節省費用。就不動產而言，亦可節省移轉登記、契稅與增值稅等之費用。

　　動產之情形，目前德國通說認為，甲與乙、乙與丙間之讓與合意（第761條第1項），係依原因關係進行，故甲移轉動產所有權予乙，而乙亦移轉該物所有權予丙。依據此一見解，發生任何債權行為之瑕疵，或物權行為之瑕疵，均得如上所述解決，不生問題❸。反之，若是讓與合意係直接在甲與丙間進行，例如不動產之情形，直接由甲對丙為標的物所有權移轉登記，則發生債權行為或物權行為瑕疵時，究竟如何處理不當得利返還問題，尚有疑問❸。以下區分動產與不動產說明之。

## ㈠動產之情形

　　動產之情形，如上所述，德國通說認為，雖由甲交付該物予丙，但所有權移轉係由甲移轉乙，再由乙移轉予丙。亦即通常情形，並非由甲將標的物所有權依讓與合意移轉予丙；而是甲並未獲乙之授權，直接將標的物所有權移轉予丙，反而僅獲指示移轉標的物之占有予丙。因此甲將標的物交付予丙，甲並無任何給付目的。因此依第761條第1項之讓與合意，亦非直接在甲與丙間進行，而是由甲對乙，以及由乙對丙進行。至於本條項所必要之交付，則依所謂雙重指令而進行，即甲交付予乙，已由甲依乙之指令對丙交付而完成，至於乙對丙之交付，則由甲作為乙之被指令人將標的物交付予丙而完成。因此不當得利之問題，應如同上述給付連鎖般解決❸。

## 解　說

　　1.若甲與乙間之買賣契約無效、不成立或意思表示被撤銷，法律上應由甲對乙請求不當得利之返還，理由是甲乃基於乙之指令而對丙為動產占有之移轉行為，法律意義上乃甲對乙進行動產所有權之移轉，以及乙對丙為移轉該物之所有權❸。故若僅甲與乙間之買賣契約無效、不成立或意思表示被撤

❸　Larenz/Canaris, 201.

❸　Larenz/Canaris, 201.

❸　Loewenheim, 31.

銷，即應由甲對乙請求返還不當得利。

　　2.若乙與丙間之買賣契約無效、不成立或意思表示被撤銷，基於上段所述，應由乙對丙請求不當得利之返還。

　　3.若甲與乙，以及乙與丙間之買賣契約均無效、不成立或意思表示被撤銷，即所謂雙重瑕疵問題，究竟如何處理不當得利返還之問題，以及不當得利請求返還之客體，參見上揭二給付連鎖之例題 3 所述。

## (二)不動產之情形

　　不動產之情形，因不動產所有權之移轉，須當事人就所有權之讓與合意作成書面，並完成登記（第 758 條及第 760 條）。本例，在甲出賣某不動產予乙，而乙再將該不動產出賣予丙，並由乙指示甲直接將系爭不動產所有權移轉登記予丙之情形,雖然乙並未取得系爭不動產所有權之移轉登記，但是德國通說仍然認為應如同上述動產之縮短給付般處理❿。具體而言，其情形如下：

### 1.僅對價關係有瑕疵

　　若債務人甲對第三人丙已依債權人乙之有效指示為移轉登記，且補償關係即甲與乙間之法律關係❿有效，而僅對價關係即乙與丙間之法律關係有瑕疵，則亦僅在有瑕疵之對價關係當事人間，亦即由第一買受人乙對第二買受人丙間進行不當得利之請求❿，因為對價關係如何，與債務人甲並無關係。

　　最高法院 89 臺上 961 表示，「倘出賣人甲出賣他人乙之不動產，並依買受人丙之指示，使該他人乙將買賣標的物不動產所有權逕移轉登記於買受人所指定之第三人丁，則此第三人丁與該他人乙間僅存有移轉物權之獨

---

❻　Esser/Weyers, 51.

❼　Larenz/Canaris, 201ff.; Medicus, Rn 727.

❽　以下說明，係採取陳自強，〈委託銀行付款之三角關係不當得利〉，《政大法學評論》，第 56 期，頁 4，頁 19 及頁 25，將指示人與受領人間稱為對價關係，將指示人與被指示人間稱為補償關係。

❾　Larenz/Canaris, 204.

立物權契約關係，其間並無何買賣債權債務關係，亦不因其取得所有權之登記原因載『買賣』而受影響；若此，如買受人丙無法律上之原因，使非買賣當事人之第三人丁取得不動產所有權，第三人丁因而受有利益，且該買受人丙受有損害時，買受人丙自非不得請求第三人丁移轉不動產所有權登記以返還利益」。本件即所謂指示有效，且已完成系爭不動產所有權移轉登記，而且補償關係，亦即甲與丙間之法律關係，並無瑕疵，而僅對價關係，即丙與丁之法律關係有瑕疵，故僅由丙依不當得利，對丁請求系爭不動產所有權移轉登記即可 ❹。

### 2.僅補償關係有瑕疵

若債務人甲已依債權人乙之有效指示移轉登記予第三人丙，而補償關係有瑕疵，但對價關係有效存在。在此，債務人甲係因其與債權人乙間之補償關係，而依債權人乙之指示，對第三人丙給付。但是此一補償關係既不存在，而且第三人丙與第一買受人乙之對價關係，基於債之關係之相對性，亦無從對抗債務人甲，因此或許極易認為第三人丙受領給付，相對於債務人甲，乃無法律上之原因，以致債務人甲得直接對第三人丙請求返還。但是德國通說，基於不同理由，認為僅補償關係有瑕疵之情形，債務人甲僅得對於其補償關係之相對人乙請求不當得利返還，而無從直接對於第三人丙請求。但是在不當得利之情形，仍宜注意有無直接適用或類推適用民法第 183 條規定，致債務人即不當得利之債權人甲得對第三人丙直接請求不當得利返還。

首先，德國學說有認為，不動產移轉登記，係由債務人甲依第一買受人乙之指示，由債務人甲直接移轉登記予第三人丙，第一買受人乙並未受有移轉登記，但是指示給付之特徵乃在於，債務人甲對第三人丙之讓與合意及登記，經濟上觀察，乃由債務人甲將讓與客體給與第一買受人乙，再由第一買受人乙給與第三人丙。亦即指示給付，自經濟上觀察，即「有如」債務人甲對第一買受人乙,而第一買受人乙對第三人丙分別為移轉登記 ❹。

---

❹　王澤鑑，頁 101–103。

❹　Vgl. Kupisch, JZ 1997, 218 nach Fn. 54 bis 219 bei Fn. 64. 此外，類似但自稱是

此一情形，亦即我國學說所謂，基於指示給付，將使被指示人之給付，如同被指示人對於指示人為給付，他方面如同指示人對於領取人為給付❶❷。

其次，指示給付之核心價值觀點在於指示人有效之指示。因此亦僅當存在有效指示時，始得對於經濟上之關聯性，表示「有如」債務人甲對第一買受人乙，以及第一買受人乙對第三人丙為讓與及登記。反之，若欠缺有效之指示，則債務人甲對第三人丙所讓與之標的物，經濟上觀察，即與法律上讓與之方向相同，亦即僅構成通常之兩方當事人法律關係之情形，其不當得利之返還，僅在債務人甲與第三人丙間進行，而與第一買受人乙無關❶❸。因此，指示有效而補償關係有瑕疵之情形，雖然債務人甲係對第三人丙為移轉登記，但是並非由債務人甲對受移轉登記之第三人丙請求不當得利返還，反而債務人甲應對第一買受人乙請求。但是債務人甲之返還請求，由於第一買受人乙，自經濟上觀察，亦已移轉登記予第三人丙，已不能返還，因此應依民法第 181 條但書規定，償還其價額。當然，本說亦承認，其見解並不排除適用不當得利法上所受利益不存在之規定❶❹。

同理，指示有效，而僅對價關係有瑕疵之情形，雖然是由債務人甲對第三人丙為移轉登記，但是經濟上觀察，亦係由第一買受人乙對第三人丙為移轉登記，因此對價關係之瑕疵，亦僅在此一關係之當事人間，即乙與丙間，進行不當得利返還之請求。

此外，亦有德國學說認為，給付連鎖之情形，債務人甲與第一買受人乙間之所有權移轉，即使因為例如債務人甲以第一買受人乙惡意詐欺而撤銷債權行為及物權行為之意思表示，但是在乙與丙間為所有權移轉後，因可適用善意受讓之規定（動產：民法第 801 條及第 948 條；不動產：土地法第 43 條），使受讓人丙終局保有其所取得之所有權，因此原所有權人甲

---

「法律上，或規範上」之觀察方式，有 MK/Lieb, §812 Rn 36 bei Fn. 86.

❶❷ 參見王澤鑑，頁 99 註第 2 處之說明。

❶❸ Kupisch, JZ 1997, 219 bei Fn. 66 und 214 bei Fn. 13 bis Fn. 15.

❶❹ 參見 Kupisch, JZ 1997, 219 bei Fn. 67 bis Fn. 71. 此外，有關類推適用或直接適用不當得利之基本規定，參見 Kupisch, JZ 1997, 221.

無從再依不當得利規定，請求受讓之第三人丙返還，有償受讓移轉登記之第三人丙，仍得保有其所取得之所有權。

至於縮短給付之情形，亦應儘可能使其結果與上述給付連鎖者相同。亦即給付連鎖時，債務人甲與第一買受人乙間物權行為有瑕疵之情形，第二買受人丙既得以善意受讓規定，作為法律上之原因而取得並保有所有權，因此對於縮短給付，僅補償關係有瑕疵，而物權行為無瑕疵之情形，更應使第二買受人丙取得並保有所有權❿。因此債務人甲僅得對其補償關係之相對人乙，而非對於第三人丙請求返還。

再者，在給付連鎖，物權行為有效，僅補償關係不存在，基於物權行為無因性原則，第一買受人乙既得自甲取得不動產所有權，且不因其與債務人甲之補償關係不存在而受影響，故第二買受人丙自第一買受人乙受讓不動產所有權，係依第一買受人乙之有權處分。相同之結果，亦應適用於不動產之縮短給付，亦即基於物權行為無因性原則，亦可得出價值標準，而使第三人丙取得不動產所有權具有法律上之原因，故喪失不動產所有權之債務人甲，無從再依不當得利規定，請求該第三人丙返還所有權。

本說認為，在此之善意受讓以及物權行為無因性二者作為法律上之原因，並非相同。亦即後者，並不以受讓人丙係善意、有償為要件；即使第三人丙明知債務人甲與第一買受人乙之補償關係不成立，不僅在給付連鎖，而且在縮短給付之情形，亦不影響受讓人丙取得物權。其次，即使受讓人丙與第一買受人乙之對價關係為無償，亦僅具有是否應適用（或類推適用）民法第 183 條之問題❿。

小結：在指示給付之類型，若僅補償關係即本例中之甲與乙間之法律關係有瑕疵，債務人甲無從對於第三人丙直接請求返還，而僅得對其補償關係之相對人即乙主張❿。但是在不當得利之情形，仍應注意有無直接適

---

❿　Larenz/Canaris, 202 und 203.

❿　Larenz/Canaris, 203f.

❿　針對不動產縮短給付之指示，除 Kupisch, Canaris, Lieb 三人之外，Medicus, Rn 727 亦認為僅得在有瑕疵之個別法律關係當事人間，進行不當得利之返還請求。

用或類推適用民法第183條規定,使債務人甲得對第三人丙直接請求返還。

### 3.對價關係與補償關係均有瑕疵

若債務人甲基於第一買受人乙之有效指示,已對第三人丙有效移轉不動產所有權,但是補償關係與對價關係均有瑕疵之情形[148],德國學說認為,三方當事人間應個別成立不當得利,亦即債務人甲對第一買受人乙,第一買受人乙對第二買受人丙,應分別主張不當得利,而非出賣人甲得直接對第三人亦即第二買受人丙請求不當得利返還[149]。而且指示人亦即第一買受人乙,相對於債務人甲,並不得主張所受利益不存在[150]。

### 4.指示行為無效等

以上,均涉及第一買受人乙有效指示出賣人即債務人甲移轉所有權登記予第三人丙之情形。但是若此一所有權移轉登記之指示自始欠缺、不生效力,亦即指示人乙指示債務人甲對第三人丙給付所包含之授權行為以及清償目的決定有所欠缺,或者未發生效力,而且亦無從將此一給付歸屬予第一買受人乙時,應由給付之債務人甲直接對於第三人丙請求返還。亦即在此之決定標準,關鍵在於是否存在足以使不當得利返還應在個別當事人間進行之有效指示。若有,即依上述1.至3.之原則處理;若無,則僅由債務人甲對第三人丙請求返還不當得利[151]。採取此一結論,主要理由在於,未經第一買受人乙之有效指示,即無從將指示歸屬予其,而不應使其遭受債務人甲之請求,否則當事人乙將無端承擔他人之間給付之法律結果[152]。

---

[148] 參見MK/Lieb, §812 Rn 47 Fn. 109 所述,所謂雙重瑕疵,以指示有效為前提。

[149] Larenz/Canaris, 204f.; MK/Lieb, §812, Rn 47 bei Fn. 109. 但是應指出的是,德國聯邦最高法院法官 Georg Heimann-Trosien 在 RGRK-BGB, 12. Auflage, §812 Rn 38 表示,所謂雙重瑕疵之爭議,幾乎無任何實益。在數十年之德國實務上,亦無任何重要性。

[150] MK/Lieb, §812 Rn 49. 對此,參見第二章,第四節,二,給付連鎖之說明。

[151] Kupisch, JZ 1997, 219 bei Fn. 66 und 214 bei Fn. 13 bis Fn. 15; Larenz/Canaris, 208 und 210. 此外,對於此一直接請求權,究竟歸類為給付型或非給付型不當得利,仍有爭論。採前說, Kupisch, JZ 1997, 221 (l. Sp. oben);採後說, Medicus, Rn 729, 此外,並參見 Larenz/Canaris, 250f. 對前說之批評。

## 5.移轉登記無效

最後，另一項特殊情況在於，債務人甲對第三人丙所為之所有權移轉登記無效，不動產所有權仍屬債務人甲。在此，第一買受人乙未曾受有所有權移轉登記，第三人亦即第二買受人丙，亦無從依土地法第43條，主張信賴登記而善意取得物權[153]。在此，債務人亦即所有權人甲，得依民法第767條規定，對占有人主張占有返還請求權，以及妨害除去請求權而訴請第三人丙塗銷登記[154]。

至於不符實際權利狀況之不動產登記名義，雖然得依不當得利請求返還而訴請塗銷[155]，但是在縮短給付之指示類型，所有權人甲得否對於登記名義人亦即第三人丙主張不當得利返還請求權，訴請塗銷登記，不無疑問。在指示給付之類型，依據上述4.之見解，應依指示有效存在與否，而決定究竟係在個別債之關係之當事人，或直接由債務人對第三人主張不當得利，因此在指示有效，而物權移轉登記無效之情形，債務人甲為避免物權移轉登記不符權利真實狀態，得依據民法第767條，訴請第三人丙塗銷所有權移轉登記。但是在此一情形，第三人丙未受債務之清償，仍得對其契約關係之債務人乙，請求不動產所有權之移轉及占有。相對的，指示欠缺、不生效力等，而物權移轉登記亦無效之情形，因僅係債務人甲與第三人丙間之給付，與債權人乙無涉，故宜認為，債務人甲無論依民法第767條或者第179條規定，均得訴請第三人丙塗銷系爭土地所有權之移轉登記。

---

[152]　參見 Larenz/Canaris, 226 bei Fn. 60 有關付款指示欠缺之說明。

[153]　Larenz/Canaris, 209f.

[154]　德國法上有關得依物上請求權請求返還之部分，參見 Kupisch, Gesetzespositivismus im Bereicherungsrecht, Berlin, 1978, 79（有關現金給付之說明）; Larenz/Canaris, 209f.

[155]　RGRK/Heimann-Trosien, (Fn. 165) §812 Rn 6.

## 四 金錢之指示支付

### 例 題

1.甲對乙有 1 萬元債權，但甲對丙負有 1 萬元債務，故甲請求乙對丙付款 1 萬元，以清償債務，乙即對丙支付 1 萬元。

(1)若其後確定甲對乙之 1 萬元債權並不存在，何人對何人得請求返還？

(2)若其後確定甲對丙之 1 萬元債務並不存在，何人對何人得請求返還？

(3)若除甲對乙之債權不存在之外，甲對丙之 1 萬元債務亦不存在，則何人對何人得請求返還？

2.甲經營海鮮餐廳，查閱帳簿發現綽號小明者積欠 8 千元，便前往名為「X 小明」之乙家收債。適乙不在家，乙之兄丙乃代為還清債務。乙返家後，丙告知上情。

(1)若乙早已還清款項，但甲之店員未記載於帳簿，則何人對何人有何請求權？

(2)若欠債之綽號小明者，實際上另有其人丁，則何人對何人有何請求權？

3.本票發票人甲簽發本票交付持票人乙，並委託銀行丙付款。其後，發票人甲已對銀行撤銷本票付款之委託，但銀行行員丁疏忽仍然對持票人乙付款。試問，應由何人對何人請求不當得利之返還？

### (一)概 說

以下說明金錢之指示支付，此又可分為現金及非現金支付（後者，包括支票、人工或自動櫃員機之匯款、自動扣款、信用卡、儲值卡等）。

所謂的金錢指示支付，一般亦區分為指示人與領取人間之關係，以及指示人與被指示人間之關係，前者學說與實務稱為對價關係，而後者則稱為資金關係❺。對價關係，例如指示人為清償對領取人之金錢債務，而指示被指示人對領取人支付。資金關係，例如指示人與被指示人（金融業者）存在支票存款帳戶契約關係，故指示人得指示被指示人就支票付款。雖然

---

❺　王澤鑑，頁 98 以下；94 臺上 1555。

如此，一般認為，金錢之指示支付，具有所謂廣義之指示關係❶❺❼。

　　金錢指示支付會發生所謂雙重授權❶❺❽之法律效果，例如指示人簽發支票指示支票存款帳戶之金融業者對受款人或執票人支付票款的情形，指示人同時授權金融業者及受款人或執票人，即授權前者得對後者支付票款，並授權後者得對前者請求支付票款；而金融業者對後者支付票款，即發生金融業者對發票人付款，及發票人對受款人或執票人付款之法律效果。

　　又以現金的指示支付為例，甲對乙有 3000 元的債權，甲對丙有 3000 元的債務，故甲對乙指示由乙對丙清償 3000 元，乙對丙支付 3000 元，若一切順利正常，則乙對丙支付 3000 元之行為，乙一方面清償了對甲之債務，而甲亦同時清償了對丙之債務的效果。

　　又例如甲向乙借款，甲並指示乙將某筆款項匯入甲之債權人丙在某銀行之帳戶，則乙之匯款入丙之帳戶，係依甲之有效指示，故乙之匯款行為，一方面係乙在履行對甲之債務，而甲亦因而履行自己對丙之債務，因此若丙對甲有金錢債權，丙乃有法律上之原因而受領給付，乙即不得對丙請求不當得利返還。

## ㈡處理原則

　　金錢指示支付，在指示有效之下，亦會發生各種可能之瑕疵：

　　1.如例題 1.之(1)，若事後發現甲乙之間債務不存在，但乙已經對丙清償。此時，依據瑕疵法律關係當事人解決不當得利之原則，應由乙對甲請

---

❶❺❼　依 Larenz/Canaris, 36–37 (und 223)，支票乃指示證券之典型，得適用如同民法第 710 條以下之規定；若非屬指示證券者，例如匯款或縮短交付，亦構成廣義之指示關係。法律依據，乃類推適用第 710 條規定，參見 Flume, AcP 199 (1999), 2; Kümpel, NJW 1999, 318 bei Fn. 49. 此外，王澤鑑，頁 97 指出，亦包括「轉帳指示」(對此之德國實務與學說見解，參見楊芳賢，《中原財經法學》，第 4 期，頁 181 以下)。陳自強，〈委託銀行付款之三角關係不當得利〉，《政大法學評論》，第 56 期，頁 3 及頁 10 則認為，除指示證券 (第 710 條以下) 外，尚包括所謂縮短給付、匯款或支票付款等委託銀行付款之情形。

❶❺❽　陳自強，〈委託銀行付款之三角關係不當得利〉，《政大法學評論》，第 56 期，頁 10，頁 29；王澤鑑，頁 99。

求不當得利返還。

2.如例題 1. 之(2)，若事後發現甲丙之間債務不存在。依據瑕疵法律關係當事人解決不當得利之原則，應由甲對丙請求不當得利返還，而與乙無關 ❿。

3.如例題 1. 之(3)，若甲與乙，甲與丙間之債之關係都不存在，仍由甲對乙，及甲對丙個別請求不當得利之返還。

反之，若指示欠缺或不存在，亦即指示人甲指示債務人乙對第三人丙給付所包含之授權行為以及清償目的決定有所欠缺，或者未發生效力，而且亦無從將此一給付歸屬予指示人甲之時，應由給付之人乙直接對於第三人丙請求返還。亦即在此之決定標準，僅在於是否存在足以使不當得利返還應在個別當事人間進行之有效指示。若有，即依上段所述之 1. 至 3. 原則處理；若無，則僅由給付之人乙對第三人丙請求返還不當得利 ❿。採取此一結論，主要理由在於，未經甲之有效指示，即無從將指示歸屬予其，故不應使其遭受債務人乙之請求，否則當事人甲將無端承擔他人之間給付之法律結果 ❿。以匯款為例，例如匯款人甲填寫了匯款單指示銀行乙匯款 2 萬元給債權人丙，而銀行卻匯款 20 萬元給丙。在此，指示人甲之指示內容只有 2 萬元，故超過的金額不應由指示人甲承擔，因此超出之 18 萬元，乙銀行不得依第 546 條第 1 項規定，對甲請求超出指示範圍之金額，而應由乙銀行對丙請求返還 18 萬元。

如例題 2. 之(1)，丙對甲得主張第 179 條不當得利請求返還 8 千元。又例題 2. 之(2)之爭議在丙可否變更原先為乙清償之意思為為丁清償，我國學說採否定見解 ❿，故仍由丙對甲主張第 179 條不當得利請求返還 8 千元。

❿　參見 95 臺上 2624。

❿　Kupisch, JZ 1997, 219 bei Fn. 66 und 214 bei Fn. 13 bis Fn. 15; Larenz/Canaris, 208 und 210. 此外，對於此一直接請求權，究竟歸類為給付型或非給付型不當得利，仍有爭論。採前說, Kupisch, JZ 1997, 221 (l. Sp. Oben)；採後說, Medicus, Rn 729，此外，並參見 Larenz/Canaris, 250f. 對前說之批評。

❿　參見 Larenz/Canaris, 226 bei Fn. 60 有關付款指示欠缺之說明。

❿　參見以下七，㈣，3. 及 4. 之說明。

小結：金錢指示支付，當事人有指示人和被指示人與受領人等三方關係。若指示有效存在，則被指示人對受領人之支付行為，發生指示人對受領人給付；同時，亦有被指示人對指示人之給付。因此指示人和被指示人間，或者指示人與受領人間之法律關係有瑕疵，即適用上述在有瑕疵法律關係當事人間請求不當得利返還。相對的，指示有欠缺或不存在，在法律上即無從將被指示人之支付作為指示人對受領人之給付，亦非被指示人對指示人之給付，故僅須由被指示人對受領人請求不當得利返還。

### ㈢執票人善意不知之情形

本票之發票人甲簽發本票交付執票人乙，並委託銀行丙付款。其後，發票人甲已對銀行丙撤銷本票付款之委託，但銀行行員丁疏忽仍然對執票人乙付款[163]。在此之問題涉及應由何人對何人請求不當得利之返還。

本件案例，與上述㈡之情形之區別在於，付款之委託，原本有效存在，其後才失其效力。換言之，發票人甲曾作成付款委託，指示銀行丙對執票人乙支付票款。而且執票人乙取得票據時，亦已知悉此一委託。在此，發票人甲對銀行丙撤銷付款之委託時，並未同時對執票人乙為通知或告知撤銷，而且本件亦難以認定在此之執票人乙受領票款之給付時，已知悉發票人甲已撤銷付款之委託，因此對執票人乙而言，執票人乙仍以為自己得依本票請求銀行丙付款。換言之，執票人乙係善意不知時，因銀行行員丁疏忽而對執票人乙支付票款，執票人乙亦以為此乃銀行丙基於發票人甲之委託而對其付款，而以為其所受之給付乃發票人甲之給付。因此對於執票人乙而言，發票人甲與受指示人丙間之問題，亦即發票人甲對銀行丙撤銷付款委託之問題，不應影響執票人乙之權利。因此發票人甲對付款銀行丙撤銷付款委託時，須同時通知執票人乙，才可發生得以對執票人乙主張之依據；本件執票人乙善意不知之情形，僅得在發票人甲與付款銀行丙間處理相關問題，而與執票人乙無關。

對於執票人乙善意不知之情形，亦有英國學說主張，表見代理之原則乃判斷付款銀行對執票人之付款是否使發票人對執票人之債務消滅之依據

---

**163** 69臺上3965。

之一者。例如 Barclay's Bank Ltd v. W. J. Simms, Son & Cooke (Southern) Ltd 一案，有關支票發票人已撤回付款指示，但付款銀行因疏忽而為付款時，究竟有無發生消滅發票人對執票人之票據債務之問題時，英國學說認為，判決本案之法官（Robert Goff J.，即後來之 Lord Goff of Chieveley），在本案僅注意銀行事實上之付款權限已遭撤回，卻未留意善意之執票人信賴銀行有權付款之外觀。此一學說認為，若無例外，例如發票人已清償，卻仍重複發票，或誤以為對執票人負有債務，但實際上並無，或付款銀行對錯誤之執票人付款等等，宜依表見代理之原則，而認為付款銀行對善意執票人支付票款，仍使發票人對執票人之債務消滅❶❻❹。

在執票人乙善意不知之情形下，如 69 臺上 3965 之情形，若發票人甲對於執票人乙確實負有債務，則付款銀行丙對執票人乙付款，仍然發生為發票人甲清償債務之法律效果。但因發票人甲已對付款銀行丙撤銷付款之委託，因此付款銀行丙無從依第 546 條第 1 項規定，對發票人甲請求付款費用之償還，而僅得就發票人甲因銀行丙清償而對執票人乙債務消滅之利益，由付款銀行丙對發票人甲，依不當得利請求返還。若發票人甲對執票人乙並無債務，則付款銀行丙對執票人乙之付款，就發票人甲與執票人乙間之法律關係而言，不生清償債務之結果，故發票人甲得對執票人乙請求不當得利返還❶❻❺；但是因為發票人甲已對付款銀行丙撤銷付款之委託，若

---

❶❻❹ Goode, R. M., The Bank's Right to Recover Money Paid on a Stopped Cheque, 97 (1981) LQR 254–264, 256, 258–259. 相同結論，Burrows, 141 with Fn. 19. 但是值得注意者，Goff/Jones, 6th ed. 2002, 207 Fn. 8 對於此一外觀或表見授權之見解，仍採取否定看法。此外，Larenz/Canaris，就指示之撤回，在 229 bei Fn. 70 亦有類推適用德國民法第 170 條以下有關代理權規定之說明；在 230 bei Fn. 73 亦有參考德國民法第 173 條，相對人明知或可得而知代理權已消滅，即不受保護之說明。但是對於支票或匯票之撤回，在 231–232，則採受款人之知，仍不生任何影響之見解。

❶❻❺ 此一見解，係自執票人立場觀之，就付款銀行對執票人支付票款解為發票人之給付之結果。但是執票人對發票人之債權既不存在，故執票人係無法律上之原因而受利益，應負不當得利返還義務。

非銀行行員丁疏忽仍對執票人乙付款，不致發生付款之結果，故發票人甲對執票人乙，若未能依不當得利請求返還，亦得對付款銀行丙請求損害賠償（第 224 條及第 544 條）；或者相反，發票人甲得對付款銀行丙請求損害賠償，而由發票人甲同時將其對執票人乙之不當得利返還請求權，讓與予付款銀行丙（類推適用第 218 條之 1）**⑯**。

### ㈣執票人或受款人惡意知悉之情形

　　若支票或本票之執票人或匯款之受款人，已知悉發票人撤回付款委託或匯款人撤回匯款委託，而銀行仍然對其付款或匯款之情形，則執票人或受款人知悉銀行所為之付款，已不再屬於指示人之指示範圍內之給付，執票人或受款人並無值得受保護之利益。又此一情形，類推適用第 169 條之但書規定，亦可知執票人或受款人惡意知悉，不受保護，亦難以再將銀行之付款解為指示人之給付而將給付之效果歸屬予指示人，反而指示人，即發票人或匯款人較應受保護，不受付款人付款之影響。因此銀行應自行承擔此一錯誤所生之風險，即銀行僅得自行對執票人或受款人，請求不當得利之返還**⑯**；故執票人或受款人支付不能或破產之風險，應由造成錯誤支付之銀行自行承擔，而非發票人或匯款人。

　　例題 3. 之情形，69 臺上 3965 認為，發票人甲既已撤銷付款委託，銀行丙之給付即不得認為是依發票人甲指示之給付，故應由銀行丙自行向持票人乙，依第 179 條請求返還不當得利。

　　相對的，本書認為首先應區分執票人乙是否善意，意即執票人乙是否知悉發票人甲已撤銷付款之委託。若執票人乙為善意，為保護其信賴，付款銀行丙之給付仍應視為發票人甲之給付；而且此時應再區分發票人甲對執票人乙是否負有債務，若有債務，則應由付款銀行丙對發票人甲請求不當得利返還。若無債務，則應由發票人甲對執票人乙，依第 179 條請求返

---

**⑯**　在此，所以是類推適用，乃因發票人對持票人，僅有不當得利返還請求權，而非第 218 條之 1 所稱之因物或權利之喪失或損害，而對第三人享有請求權。

**⑯**　Loewenheim, 40–41（引用德國聯邦最高法院判決). 但是亦請參見前揭**⑯**，Larenz/Canaris 之不同見解。

還不當得利，但發票人甲就未能請求返還之損害，得對付款銀行丙依第 544 條結合第 224 條請求賠償；且發票人甲與付款銀行丙間得類推適用第 218 條之 1 規定。反之，若執票人乙為惡意，則由銀行丙自行向執票人乙依民法第 179 條請求返還不當得利。

### (五) 92 臺上 714

　　本判決表示，「被上訴人向訴外人買受房屋及土地，但是訴外人以系爭房地設定本金最高限額抵押權，因此似係由買受人即被上訴人清償訴外人對上訴人之借款以便塗銷該抵押權。但是被上訴人清償訴外人對上訴人之欠款之後，上訴人拒絕塗銷該抵押權。原審法院認為，兩造塗銷系爭抵押權之意思表示既未合致，則上訴人收受被上訴人上開三百二十萬六千七百四十七元，即無法律上原因，且致被上訴人受有損害，被上訴人依民法第一百七十九條不當得利之規定，備位聲明請求上訴人返還上開款項，及自起訴狀繕本送達翌日即八十九年八月十一日起至清償日止，按年息百分之五計算之法定遲延利息。即有理由，應予准許」。最高法院認為上訴無理由，判決駁回。

### ◎簡　評

　　本判決之結論，應予贊同。

　　被上訴人（甲）清償訴外人（丙）對上訴人（乙）之債務，由於乙係以其對丙之債權加以受領，有法律上之原因，不生不當得利。其次，本件之甲清償丙對乙之債務，固係以塗銷系爭房地設定之本金最高限額抵押權為出發點，但此若僅止於其個人清償他人債務之動機，不生法律效果。

　　相對的，若甲將清償之效果繫於乙嗣後同意塗銷該抵押權，例如甲與乙約定解除條件，即於甲清償後，乙應同意並完成塗銷該抵押權登記，若未同意並完成塗銷，則清償無效，即可達到保護甲之結果。其次，固然乙之職員王○○並無代表乙表示可塗銷系爭抵押權登記之權限，但是乙之職員王○○知悉甲之清償目的，且若乙或其職員王○○正確告知甲，丙所設定之抵押權，尚包括連帶保證之債務在內，而且丙尚有連帶保證另一訴外人蘇魏○○之債務未清償，即使甲清償丙本身之債務，由於連帶債務未清

償，亦不得塗銷系爭房地之抵押權登記，則甲斷不可能為系爭清償行為。再者，乙一方面可主張受領清償有法律上之原因，另一方面在未告知上述情事下，又可主張不須塗銷該抵押權，亦有違誠信原則。最後，即使認為乙或其職員並無故意不告知之情形，亦宜認為甲清償之動機有錯誤，具交易上之重要性，且非因其本身過失所致，故得類推適用❶民法第 88 條第 2 項規定加以撤銷，因此撤銷後，甲得依不當得利規定，請求返還其為清償支付予乙之金額。

本件乃三方當事人不當得利返還，原則上僅得在瑕疵當事人間請求，例外才可直接對第三人請求返還之例。亦即本件之買受人即甲對乙清償丙對乙之債務，甲係在履行對丙之債務，以及丙對乙之債務，乙受領（丙之）清償，有法律上之原因，甲與丙間之爭議，原則上與受領人即乙無關，但是本例之買受人即甲無從依其代償丙對乙之債務，以塗銷買賣標的房地之抵押權登記，係因乙未事先告知正確完整資訊，致甲對乙清償。此一情事，自信賴保護或風險承擔觀點而言，均應由乙承擔，故本件之買受人即甲得直接以乙為不當得利返還請求之義務人。

## 五 第三人利益契約

### 例 題

甲向乙購買某房屋及其土地，契約訂明甲得指定第三人為登記名義人，甲亦已指定丙為系爭房地之登記名義人。

1.此一契約約定，買受人得指定第三人為登記名義人，是否構成第三人利益契約？

2.若此一買賣契約有無效、不成立或被撤銷之情事，乙得否依不當得利對第三人丙請求返還？

---

❶　清償之目的決定，僅係準法律行為（對此，參見陳自強，《契約之內容與消滅》，頁 383），並非意思表示，而且亦非第 88 條第 2 項之當事人之資格或物之性質，故充其量僅得類推適用第 88 條第 2 項規定。反之，亦有認為，清償之目的決定，乃單方法律行為，或至少是準法律行為者，參見 Palandt/Heinrichs, §362 Rn 7.

3.若此一買賣契約，因甲違約，由乙依法解除契約時，是否應適用不當得利規定？又乙解除契約後，得否對第三人丙請求回復原狀？

## (一)意義與分類

依第 269 條第 1 項規定，分別有要約人，債務人及第三人。要約人與債務人乃補償關係；要約人與第三人乃對價關係；而債務人與第三人乃給與關係或履行關係。其次，就第三人利益契約，應區分真正和不真正的第三人利益契約。二者主要是依第三人對於債務人有無給付請求權而分，若第三人依契約之約定，對債務人有給付請求權，才是真正第三人利益契約；否則，僅是不真正第三人利益契約。真正第三人利益契約，例如人壽保險契約之受益人，在保險事故發生時，得依保險契約直接請求給付。至於不真正第三人利益契約，例如生日或是聖誕節時，請花店直接送花到女朋友家裡，則女朋友僅是給付受領人，而無給付請求權。

## (二)強化第三人權利地位型

其次，就第三人利益契約之不當得利，首先是強化第三人權利地位型。亦即第三人對要約人已有債權，而要約人為履行自己對第三人之債務，故要約人與債務人締結契約，賦予第三人直接請求債務人給付之權利。此種情形，實際與縮短給付或交付之案例並無差別；此外，與指示給付類型，亦無重大區別，因為在真正第三人利益契約之情形，僅係為強化第三人之權利地位，而賦予其得對債務人直接請求給付，相對的，指示給付之類型，第三人並無直接請求債務人給付之權利。因此在此一涉及強化第三人權利地位之情形，雖然要約人與債務人之補償關係有瑕疵，但是第三人依其與要約人之對價關係，亦即第三人對要約人之債權，仍得保有其受領債務人之給付。例如甲向乙訂購原料，乙缺貨，乙就向同業丙調貨，乙與丙同時約定，甲得直接請求丙給付。當甲請求丙給付時，丙亦果對甲給付。在此一案例中，若嗣後確認乙與丙未就價金達成合意，致乙與丙契約不成立時，亦發生應由何人對何人請求不當得利之問題。本例亦應採上述，在有瑕疵法律關係當事人相互間請求不當得利返還之原則，瑕疵法律關係存在於乙

與丙之間，故應由乙向丙請求[169]。

　　依據上述，若屬真正第三人利益契約，學說認為此一契約賦予第三人直接請求債務人給付之權利，乃在強化第三人之權利地位，則此一第三人之地位，相較於不真正第三人利益契約之第三人，不應更差，故原則上此一第三人，在補償關係有瑕疵之情形，不應遭受不當得利返還之請求。但是值得注意者，德國聯邦最高法院在某件歸類為真正第三人利益契約之案例[170]，即甲向乙購買乙所建之區分所有權住宅，而乙係由其職員丙處理簽約事宜。簽約時，丙與甲之契約條款約定，甲應支付百分之三價款作為居間之傭金予丁公司，甲取得之書面契約有此一條款，但乙所取得者，則無此一條款。甲匯款入丁公司之銀行帳號後，才發現並無丁公司，而是丙從中牟利之工具而已。甲即以惡意詐欺撤銷該約定，並請求丙返還。本判決肯定甲此一請求，學說認為，本判決結論值得贊同，因為丙有惡意詐欺行為，不應適用所謂強化第三人權利地位之原則，故甲得直接請求丙返還款項[171]。

### (三)要約人為照顧第三人而締結第三人利益契約

　　要約人與債務人締結契約，於一定情事發生時，由債務人對第三人給付，例如人壽保險契約。在此，多數見解認為，若補償關係有瑕疵，而債務人已對第三人給付之情形，債務人得直接對第三人請求返還給付。此一見解，有部分係以第 183 條規定之類推適用作為理由，亦即在此之第三人雖有直接請求權，但是對價係由要約人給付，而第三人係無償而取得給付，故有認為得類推第 183 條作為依據，而肯定債務人得直接對第三人請求不當得利返還。其次，值得注意的是，雖有質疑在此等案例，第三人對要約人其實並無任何直接請求給付之權利，但是即使如此，第三人仍得將要約人理解為藉由債務人之手給付而為真正給付之人，而如同指示給付類型之受領給付之第三人般。因此第三人對要約人在對價關係上並無直接請求給付之權利，並無任何影響[172]。

---

[169]　MK/Lieb, §812 Rn 130.

[170]　BGHZ 58, 184ff.

[171]　MK/Lieb, §812 Rn 138.

### ㈣ 92 臺上 1189

就不動產買賣，土地之出賣人依買受人之指示，將土地移轉登記為第三人所有時，本判決認為，「按第三人利益契約之受益人因補償關係不存在而喪失其向債務人請求給付之債權，對債務人而言，其所受之利益即欠缺法律上之原因。易言之，債務人既得以受益人無債權而拒絕給付於前，則於給付之後，自得依不當得利之規定請求其返還，初不因要約人與受益人間之對價關係是否存在而受影響」。

1. 本件是否為第三人利益契約，或所謂解除契約得適用不當得利，均有疑問

首先，就 92 臺上 1189 而言，第三人丙有無直接請求出賣人甲給付之權利，似未經認定，故得否歸類為第三人利益契約，尚有疑問⑱。其次，出賣人甲對買受人乙解除契約後，最高法院認為得適用不當得利，並非妥適，反而出賣人甲解除契約後，應適用第 259 條回復原狀之規定，已如第二章，第三節，三所述。

2. 依解除契約回復原狀或不當得利，對受領給付之第三人請求返還時，應採相同處理原則

我國民法繼受德國民法規定，分別在民法第 179 條以下以及第 259 條規定不當得利與解除契約回復原狀之法律效果，而有別於英國法無解除契約法律效果之規定⑭，僅得適用不當得利處理已為給付之返還問題⑮；奧地利法，解除契約之法律效果，亦無特別規定，故亦是適用不當得利請求返還⑯。雖然如此，我國民法之下仍宜認為，涉及三方當事人之解除契約

---

⑫ MK/Lieb, §812 Rn 131ff.

⑬ 對此，參見以下㈥ 92 臺上 2581 及㈧ 95 臺上 42 之正確說明。

⑭ Treitel, Remedies for Breach of Contract, A Comparative Account, Oxford, 1988, 319, 314–315.

⑮ Burrows, 337 以下。

⑯ Helmut Koziol/Rudolf Welser, Grundriß des bürgerliches Rechts, 13. Auflage 2007, 57 und 278.

回復原狀請求權與不當得利返還請求權，應採相同之處理原則，例如針對補償關係乃第三人利益契約之情形，有德國學說認為，無論契約解除之回復原狀請求權或者契約無效之不當得利返還請求權，其利益狀況相同，因此認定其權利義務之主體，應遵循相同原則❼。

　　首先，第三人受領給付，而給付之債務人因補償關係之契約經解除後之回復原狀請求權，或者補償關係之契約有無效、不成立或被撤銷之不當得利返還請求權，應當相同處理，不宜僅限於第三人利益契約，反而即使是不真正第三人利益契約，或者例如 92 臺上 1189 判決中債務人乃基於債權人有效指示而對第三人為給付，亦應當採取相同之處理原則，因為只要是一方當事人甲基於與他方當事人乙之契約，而對第三人丙為給付之情形，無論第三人丙係享有獨立之債權（例如第三人乃債權讓與之受讓人）、享有直接請求給付之權利（例如第三人利益契約之第三人）、或者僅得受領給付（例如不真正第三人利益契約或者債務人係基於債權人之指示之受領給付之第三人），均同樣涉及已為給付之一方當事人甲與受領給付之第三人丙間之利害衝突之問題，而不問其究竟是涉及不當得利或者是解除契約回復原狀之情形；而且在此之關鍵因素，亦主要涉及上述之法律關係中當事人間之抗辯、支付不能或破產或作為訴訟當事人等之問題（參見第二章，第四節，一）。

　　其次，我國民法規定區分解除契約回復原狀或不當得利法律效果之現實之下，宜使二者之法律效果趨近，以避免因為契約究竟是無效、不成立或被撤銷或者是解除，而發生法律效果之重大差異。對此，上揭英國法或奧地利法以單一而且相同之法律效果處理契約無效、不成立或被撤銷，以及契約解除時已為給付之返還問題，實際足以提供佐證。又德國學說表示，德國民法之不當得利規定之法律效果，應儘量使其趨近於解除契約回復原狀之法律效果，因為所謂契約無效、不成立或被撤銷，或者契約被解除之區分，頗難正當化前者適用不當得利規定，而後者適用解除契約回復原狀，而發生法律效果上之重大差異❽。例如就解除契約回復原狀之法律效果影

---

❼　Staudinger/Jagmann, Rainer, 13. Bearbeitung, Berlin, 1995, §334, Rn 39 aE.

響不當得利之法律效果而言，最著名的例子乃雙務契約之一方當事人不能原物返還，而又符合民法第 182 條第 1 項規定，得主張所受利益不存在時，學說主張應加以限制，以避免不公平之情形[178]，實際即與民法第 259 條第 6 款之價額償還規定極為近似[180]。因此就不當得利之法律效果影響解除契約回復原狀之法律效果而言，本書認為，民法第 183 條規定所示之原則，即依第三人究竟是有償或無償而區分不當得利返還請求權人得否對該第三人請求之原則，亦應當類推適用於解除契約後之回復原狀請求權。

亦即出賣人甲解除契約後，得否對於受領其給付之登記名義人即第三人丙請求回復原狀，亦應依第三人丙究竟是有償或無償受領人之情形，而區分回復原狀請求權人甲得否對該第三人丙請求。亦即在債務人甲已依據有效存在之契約對第三人丙為給付之情形，不論系爭契約係真正或不真正第三人利益契約（或者債務人甲僅係依據債權人乙之有效指示而對第三人丙為給付），若僅債務人甲與要約人乙之補償關係不存在，而要約人乙與受益人丙間之對價關係仍然存在，原則上，第三人丙對其自債務人甲受領之給付，不因補償關係不存在而受影響，反而第三人丙得以其與要約人乙間仍然存在之有償之對價關係，作為保有其所受領之給付之法律上原因，以確保第三人丙之法律地位，因此債務人甲僅得對於要約人乙請求回復原狀，而不得對於第三人丙加以請求[181]。

例外情形，亦即要約人乙與第三人丙間之對價關係乃無償之情形，宜類推適用民法第 183 條規定之意旨，即第三人丙與要約人乙間之關係若是

---

[178] Esser/Weyers, 115 unter §51 II 3. 此外，亦參見 Esser/Weyers, II/1, 1998, 47 unter §5 III 1 b) aE.

[179] 參見第四章，第一節，一，(二)，3.。

[180] Esser/Weyers, 115 unter §51 II 3; 王澤鑑，頁 259 以下之說明。

[181] 英國法涉及有償受讓之情形，受讓人不受相對人以外之人請求返還之說明，尤其參見 Burrows, 347–350, 349, 585–591, 588–590. 至於德國法下，對於指示交付、非現金之支付以及第三人利益契約，而僅補償關係有瑕疵之情形，原則上僅在有瑕疵之債之關係當事人間請求不當得利返還之個別說明，參見 Larenz/Canaris, 201f., 204, 210, 224f., 235 und 240f.

無償之情形，第三人丙相較於債務人甲，較不值得受保護，因此第三人丙受領給付，雖有其與要約人乙間之對價關係作為法律上原因，但債務人甲仍得直接對無償受讓之第三人丙請求回復原狀。此一見解既得兼顧依契約為給付之一方當事人例如出賣人甲與受領給付之第三人丙間之利益平衡，並且亦可避免僵化地認為出賣人甲僅得對買受人乙請求土地所有權之返還，且若買受人乙返還不能，即應適用民法第 259 條第 6 款規定價額償還，致出賣人甲無從請求第三人丙返還土地所有權之缺失❷。

### 3. 本判決見解之評論

92 臺上 1189 之出賣人甲，解除契約後，是否得對受領給付取得土地之第三人丙請求返還，依上所述，僅當第三人丙與買受人乙間之關係係無償之贈與契約或其他相似致無保護必要之情形，始具有正當性。然而即使如此，其請求權依據仍是第 259 條之解除契約回復原狀之規定，而非不當得利規定。亦即不當得利之適用，所謂無法律上之原因，宜認為僅限於例如契約無效、不成立或意思表示被撤銷等情形，至於解除契約，其法律效果應適用第 259 條有關回復原狀之規定。

其次，本判決表示，「第三人利益契約之受益人因補償關係不存在而喪失其向債務人請求給付之債權，對債務人而言，其所受之利益即欠缺法律上之原因。易言之，債務人既得以受益人無債權而拒絕給付於前，則於給付之後，自得依不當得利之規定請求其返還，初不因要約人與受益人間之對價關係是否存在而受影響」，但是，本件之情形，並非第三人利益契約；解除契約亦不應適用不當得利；再者，即使是依據上述三方當事人之不當得利之處理原則（第二章，第四節，一），當本件之要約人乙與受益人丙間之對價關係存在，而且係有償之契約關係時，債務人甲並不得對取得登記

---

❷ 89 臺上 1769 認為，債務人給付之後，始解除契約，仍應適用民法第 259 條規定，值得肯定，但本判決認為應負回復原狀義務者，乃要約人，而非受領給付之第三人。本文認為，就本判決而言，亦應依正文所述原則處理，即依受領給付之第三人與要約人之對價關係是否有償，而決定為給付之債務人得否對受領給付之第三人直接請求回復原狀。

名義之受益人丙請求返還；反之，若是乙與丙間係無償之對價關係，則仍得肯定債務人甲對第三人丙之請求權。本判決採取一概否認之見解，並非妥適。

此外，本件之出賣人甲係在為給付之後，因買受人乙違約而依法解除契約，並非涉及契約不成立、無效或已撤銷之情形。亦即本件之案例事實根本不存在所謂出賣人甲得拒絕給付於前，故出賣人甲於給付之後，自得依不當得利請求返還之情形，因為出賣人甲實際是給付之後，因相對人乙違約而解除契約。出賣人甲在未解除買賣契約之前，並非已得拒絕給付於前，因此出賣人甲在解除契約之後，亦非得以依不當得利之規定請求返還，反而出賣人甲僅得依解除契約後之回復原狀規定請求返還。

最後，若是債務人在給付之前，業已依法解除契約，則債務人實際亦得依據民法第 270 條規定，拒絕對第三人給付。亦即債務人在給付之前，已解除契約之情形，債務人亦得拒絕給付於前。但是若債務人係在給付之後，才解除契約，不能因為「債務人若在給付之前業已解除契約，既得拒絕給付於前」，進而推論「債務人在給付之後，才解除契約之情形，自得依不當得利規定請求返還」，反而此等情形，亦仍僅應適用民法第 259 條有關解除契約回復原狀之規定。

### ㈤ 93 臺上 2537

本判決表示，「兩造簽訂之不動產買賣契約書第四條第三項僅記載『產權移轉登記權利人之名義由甲方（上訴人）指定，乙方（被上訴人）不得干涉』，並無被上訴人應向第三人給付或第三人得直接請求被上訴人給付之約定，倘第三人並無直接請求被上訴人給付之權，即與第三人利益契約有間，從而上訴人是否不得向被上訴人請求對自己為給付，尚待推敲。然原審竟僅以被上訴人依該項約定將系爭房屋所有權及其坐落基地應有部分移轉登記予上訴人指定之徐〇〇，即認該房地買賣契約係屬第三人利益契約，亦嫌速斷」。

### ◎ 簡　評

本判決此一見解，值得贊同。

㈥ 92 臺上 2581

本判決認為，「於『指示給付關係』中，被指示人係為履行其與指示人間之約定，始向領取人（第三人）給付，被指示人對於領取人，原無給付之目的存在。苟被指示人與指示人間之關係不存在（或不成立、無效或被撤銷、解除），被指示人應僅得向指示人請求返還其無法律上原因所受之利益，至領取人所受之利益，原係本於指示人而非被指示人之給付，即被指示人與領取人間尚無給付關係存在，自無從成立不當得利之法律關係。本件系爭契約第五條第四款僅約定：『（系爭房地）產權移轉登記權利人之名義由甲方（買受人）指定，乙方（出賣人）不得干涉』，似未見契約當事人約定買受人所指定之人亦有『直接』請求出賣人給付之權利，則原審未究明契約當事人有無使受指定之上訴人取得直接請求被上訴人給付權利之意，遽謂系爭契約性質為第三人利益契約，並據以適用法律，而為不利於上訴人之判決，即嫌速斷。倘上訴人僅為買受人指定之登記名義人，並未取得直接向被上訴人請求給付之權利，揆諸首揭說明，被上訴人能否依不當得利之法律關係為本件請求，非無詳加研求之餘地。上訴論旨，指摘原判決不當，求予廢棄，非無理由」。

◎簡　評

本判決認為，本件是否成立第三人利益契約尚有疑問，值得肯定。但本判決認為，解除契約亦適用不當得利，參見上揭相關之批評（第二章，第三節，三）。

其次，上訴人丙僅為買受人乙指定之登記名義人，出賣人即被上訴人甲能否依民法第 259 條規定，對上訴人即登記名義人丙請求回復原狀，如上所述，在補償關係即買受人乙與出賣人甲之買賣契約經解除，而他方當事人即買受人乙與第三人丙間之契約（即所謂對價關係）仍有效存在之情形，應依所謂對價關係究竟是無償或有償，而認定已為給付之一方當事人即出賣人甲得否直接對該取得登記名義之第三人丙請求回復原狀（類推適用第 183 條）。相對的，本判決僅因取得登記名義之第三人丙與買受人乙間之對價關係仍然存在，即認為被上訴人甲能否依不當得利之法律關係為本

件請求,非無詳加研求之餘地。但是即使僅針對不當得利返還請求權而言,本判決此一見解,亦有疑問,因為第 183 條乃不當得利返還請求權人,例外得對第三人請求之依據,故不應一概認為「被指示人甲與領取人丙間尚無給付關係存在,自無從成立不當得利之法律關係」;更何況,出賣人甲依買受人乙指示,由出賣人將買賣標的之不動產移轉為第三人丙所有,存在各種可能情況,可能是買賣契約或贈與契約,不宜一概而論。

(七) 94 臺上 1555

本判決表示,「按在三人關係之給付不當得利,其指示給付關係之案例類型,如其基礎關係(原因行為)即對價關係、資金關係(補償或填補關係)均未有瑕疵(不成立、無效、撤銷)者,固不生不當得利請求權,即令該對價關係(指示人與領取人間之關係)、資金關係(指示人與被指示人間之關係)具有瑕疵,亦僅於各該關係人間發生不當得利請求權而已,於被指示人與領取人間,因無給付關係,自不當然成立不當得利」。

◎簡 評

本判決認為三方當事人之不當得利,僅在個別瑕疵法律關係當事人間進行不當得利返還請求之說明,而且即使涉及雙重瑕疵之情形,亦同,應予以肯定。但是所謂被指示人與領取人間,因無給付關係,自不當然成立不當得利之語,仍須注意直接適用或類推適用第 183 條規定之例外情形。

(八) 95 臺上 42

本判決表示,「查系爭買賣契約內容係約定上訴人所出售股權移轉登記予朱○蓁、黎○海或其指定之人,而以契約訂定上訴人向被上訴人為給付,惟被上訴人是否得直接向上訴人請求(民法第二百六十九條第一項參照),原審未遑查明,即謂系爭買賣契約屬民法第二百六十九條第一項第三人利益契約,尚嫌速斷」。其次,本判決認為,「按第三人利益契約之受益人因補償關係不存在而喪失其向債務人請求給付之債權,對債務人而言,其所受之利益即欠缺法律上之原因。易言之,債務人既得以受益人無債權而拒絕給付於前,則於給付之後,自得依不當得利之規定請求其返還。而被上訴人與其指定之人朱○蓁、黎○海間之對價關係是否存在?原審未詳為推

闡審認，即為不利於上訴人之判斷，殊有未洽。上訴論旨，執以指摘原判決違背法令，求予廢棄，非無理由」。

◎簡　評

　　本判決認為，本件是否為第三人利益契約，尚有疑問，值得肯定，但是本判決其後說明不當得利返還時，卻仍以第三人利益契約之原則說明之，無異自相矛盾。再者，本件之上訴人即出賣人係主張因買受人未履行給付買賣股權價款，迭經催討無結果，故解除契約，因此本件亦應適用第259條之回復原狀，而非第179條之不當得利。此外，本判決所謂，債務人既得以受益人無債權而拒絕給付於前，則於給付之後，自得依不當得利之規定請求其返還之語，已有評論，敬請參見上揭㈣對92臺上1189之批評。

㈨95臺上2610

　　本判決表示，「按第三人利益契約係由債權人即要約人與債務人約定由債務人向第三人為給付之契約，基此契約，要約人得請求債務人向第三人為給付，第三人對於債務人亦有直接請求給付之權。此觀民法第一百七十九條、第二百六十九條第一項規定自明。在通常情形，要約人與債務人間恒有基本行為所生之法律關係即為補償關係，如要約人與債務人在其基本行為之契約，訂定債務人應向第三人為給付之意旨，即為第三人約款，此第三人約款已構成補償關係之契約內容，補償關係即為第三人利益契約之原因，二者互相牽連；至要約人所以使第三人取得利益之原因關係為對價關係，對價關係為要約人與第三人間之關係，與第三人利益契約為要約人與債務人間訂定者並不相關連。為補償關係之契約苟經依法解除而溯及消滅，第三人約款即隨之失其存在，債務人依第三人約款向第三人給付之法律上原因即嗣後失其存在，而第三人與要約人間之對價關係雖未因此受影響，要約人不得指第三人之受領利益係無法律上原因，惟第三人基於對價關係之債權係相對權，不得本此對價關係之債權對抗債務人，即無從本於對價關係對於債務人主張其取得之利益為有法律上原因，則債務人於契約解除後，以第三人約款業已失其存在為由，向第三人請求返還不當得利，自非法所不許。查本件上訴人係本於與陳○○、轟○○之借貸關係，經由

陳○○之指示而向第三人即被上訴人付款等情，為原審所合法確定之事實，且上訴人未舉證證明其與陳○○、轟○○之借貸關係，有何瑕疵，業經撤銷或解除，則其依不當得利之法律關係，請求受領之第三人即被上訴人返還所受領之五百萬元本息，於法無據」。

◎簡　評

　　本判決就契約經依法解除，稱溯及消滅，尚有疑問，已如上述。其次，本判決一方面表示，「契約苟經依法解除而溯及消滅，第三人約款即隨之失其存在，債務人依第三人約款向第三人給付之法律上原因即嗣後失其存在，而第三人與要約人間之對價關係雖未因此受影響，要約人乙不得指第三人之受領利益係無法律上原因」，另一方面又稱，「第三人基於對價關係之債權係相對權，不得本此對價關係之債權對抗債務人，即無從本於對價關係對於債務人主張其取得之利益為有法律上原因，則債務人於契約解除後，以第三人約款業已失其存在為由，向第三人請求返還不當得利，自非法所不許」，似尚有疑問。本判決此一說明，並未考慮第三人利益契約，目的之一在於強化第三人地位，而賦予其對債務人直接請求給付之權利。依據本判決此一說明，第三人利益契約之第三人，在解除契約之回復原狀或不當得利之利益返還時，其地位遠不如縮短給付或金錢指示支付類型下之第三受領人[183]，而且導致第三人捲入要約人與債務人間之契約關係之爭議，均非妥適。在第三人與要約人之法律關係仍然存在，而僅要約人與債務人之補償關係有瑕疵之情形，原則上僅由債務人對要約人請求返還，例外僅當第三人係無償受讓之情形，適用或類推適用第183條，債務人得直接對第三人請求返還。反之，若補償關係無瑕疵，對價關係亦無瑕疵，債務人自亦無從對第三人請求返還。

　　最後，本判決所謂，「本件上訴人係本於與陳○○、轟○○之借貸關係，經由陳○○之指示而向第三人即被上訴人付款等情，為原審所合法確定之事實，且上訴人未舉證證明其與陳○○、轟○○之借貸關係，有何瑕疵，業經撤銷或解除，則其依不當得利之法律關係，請求受領之第三人即被上

[183]　參見第二章，第四節，三及四。

訴人返還所受領之五百萬元本息，於法無據」，亦宜留意，僅當要約人與債務人間之補償關係，即借貸關係有瑕疵，經撤銷或解除，而要約人與第三人間之對價關係，屬無償者，例如贈與，債務人甲適用或類推適用第 183 條，方得直接對該第三人請求解除契約之回復原狀或不當得利之利益返還。

 **解　說**

就例題 1.而言，本書認為，並不構成第三人利益契約。

例題 2.，原則上，因僅出賣人乙與買受人甲之法律關係有瑕疵，故應由乙對甲請求不當得利返還。至於出賣人乙是否例外得直接對第三人丙請求不當得利返還，應依第三人丙與買受人甲間之法律關係為有償或無償，而判斷出賣人乙得否對其請求不當得利返還。

例題 3.，因涉及解除契約，故應適用第 259 條請求回復原狀，而非依第 179 條請求不當得利返還；至於出賣人乙得否直接對第三人丙請求回復原狀，亦應採相同原則，以第三人丙與買受人甲間之法律關係為有償或無償而定。

## 六 債權讓與之不當得利

 **例　題**

假設甲對乙有 10 萬元之債權。乙為清償對甲之債務，乙便將其銷售商品或提供服務於丙而對丙所取得之 10 萬元金錢債權讓與於甲，並已通知丙。其後，甲對丙請求清償，丙亦已對甲支付。

1.若事後發現乙丙間之契約有無效、不成立或意思表示被撤銷，亦即乙對丙之債權並不存在，則丙應向何人主張不當得利之返還？

2.若事後發現甲乙間之債權不存在，則何人得對何人主張不當得利？

3.若有雙重瑕疵之情形，即甲對乙之債權不存在，而乙對丙之債權亦不存在，則應由何人對何人主張不當得利？

4.若乙與甲間之債權讓與行為（即準物權行為）無效、不成立或意思表示被撤銷，則何人對何人得主張不當得利？

債權讓與涉及第 294 條以下之規定。法律行為有債權行為與物權行為之分別，而債權讓與，通說認為是準物權行為**❿**，換言之，債權讓與及物權讓與一樣，例如債權之買賣契約，僅在出賣人和買受人之間發生債權與債務關係，不生債權之移轉變動，須雙方為債權讓與之契約，才可發生債權之移轉變動。第 294 條以下規定涉及債權之移轉變動，而如同物權之移轉變動，故稱為準物權行為。債權人得將債權讓與受讓人，但債權人亦得就其債權依物權編規定，設定權利質權（第 900 條以下），此亦是涉及準物權行為。

 **解　說**

例題 1.之情形，有認為應採直接請求說，即由債務人丙直接對受讓人甲請求不當得利返還。理由是受讓人甲並無債權受領給付，亦即因乙丙間之契約有無效等之事由，乙並無債權，丙並無債務，故乙無從依債權讓與使甲取得債權，因此甲受領丙給付乃無法律上之原因，故丙得直接對甲請求不當得利返還**❽**。但是採此一見解，丙須承擔甲支付不能或破產之後果；而且亦違反債權讓與時債務人丙不應因此而遭受不利益之原則（參見第 299 條）。

因此亦有認為，宜採在瑕疵法律關係當事人間解決不當得利之見解，以便維持乙與丙相互之間的抗辯，而且契約當事人乙與丙互相選擇彼此作為當事人，一方支付不能或破產的危險，亦應由他方承擔，而非轉嫁至契約關係外之第三人；或者相反，契約當事人不應承擔第三人支付不能或破產之風險，即丙不應承擔甲之支付不能或破產之風險。依據此一見解，例題 1.，雖係由丙對甲支付，但法律上如同丙對乙支付，故仍應由丙向乙請求不當得利返還。但乙所受之利益，是在丙對甲支付之金額的限度內，乙對甲的債務免除，此一利益，無法原狀返還，故丙依第 181 條第 1 項但書，得請求乙返還價額。此一見解，維持債務人與債權人間之抗辯關係，並且由當事人自行承擔他方支

**❿** 95 臺上 713；92 臺上 624；孫森焱，下冊，頁 941；史尚寬，頁 673；鄭玉波，頁 464–467。

**❽** Medicus, Rn 730.

付不能或破產之危險❶⓺，且不承擔第三人支付不能或破產之風險，較為可採。

　　例題 2.之情形，即若甲對乙之債權並不存在，而乙卻已將其對丙之債權讓與予甲，以便清償誤以為對甲存在之債務，並且甲亦已受領丙所為之給付。由於丙對甲之清償行為，一方面係丙對乙之給付，另一方面亦係乙對甲之給付，因此丙對甲之清償行為有如乙對甲之清償一般。其次，瑕疵之法律關係乃存在於甲與乙之間，亦即甲對乙並無債權，然而乙已讓與其對丙之債權予甲，而且丙亦已對甲給付，此一情形，宜採讓與人乙自行對受讓人甲請求不當得利返還之見解。在此，因甲已依「債權」而受領給付，故乃為第 181 條所謂本於該利益更有所取得，而且不能原狀返還債權，因此甲應將其依債權所受領者，即 10 萬元返還予乙。

　　例題 3.乃所謂雙重瑕疵之情形。對此，亦宜採如同指示給付或支付之處理原則，即個別瑕疵法律關係當事人間主張不當得利，因此若甲對乙以及乙對丙之債權均不存在，而丙又已對甲清償，應由乙對甲請求不當得利，而丙則對乙請求不當得利。

　　例題 4.之情形，即乙與甲間之債權讓與行為（即準物權行為）無效、不成立或意思表示被撤銷，而丙又已對甲為給付，德國學說認為，此一情形，如同指示不生效力或有瑕疵之情形，得由丙直接對甲，請求不當得利❶⓻。但是本例題之情形，宜注意第 298 條規定，即讓與人已將債權之讓與通知債務人者，縱未為讓與或讓與無效，債務人仍得以其對抗受讓人之事由，對抗讓與人。例題 4.之債務人丙，若已依讓與人乙之通知，對受讓人甲給付，即使乙與甲之債權讓與行為無效等，只要債務人丙已對受讓人甲給付，仍得對抗讓與人乙，故此一情形，丙得主張其債務已消滅，而應由乙自行對甲，依不當得利請求返還。

---

❶⓺　德國通說，MK/Lieb，§812 Rn 141ff.; 王澤鑑，頁 119–120。

❶⓻　MK/Lieb, §812 Rn 147; Larenz/Canaris, 239 unter §70 V 1 c); 王澤鑑，頁 119。

## 七 第三人清償或非債清償之不當得利

### 例 題

1.甲委請友人乙清償甲對第三人丙之債務，若事後發現甲對丙之債務不存在，應由何人對何人請求不當得利？

2.若乙係自發性地替甲清償對丙之債務，而事後發現甲對丙之債務不存在，應由何人對何人請求不當得利？

3.若乙自發性地為甲清償對丙之債務，則在丙對甲之債權消滅後，乙對甲有何請求權？

最高法院 91 臺上 2544 之案例事實：上訴人將其承包自臺電公司之工程中，關於大樓之鷹架搭設工程、模板工程部分，分別交由吉○公司、里○公司承包，嗣因該工地上之鷹架、模板掉落，砸毀王○公司、宏○公司所有車輛。上訴人與王○公司、宏○公司達成和解。

本判決認為，「第三人清償，若係誤認他人之債務為自己之債務而為清償，即屬非債清償，若該他人確有是項應負責之債務，因第三人之清償而受利益，該第三人自得依不當得利法則請求返還；若第三人明知無清償之義務而為他人清償，且不違反該他人之本意並利於本人，雖以自己名義為之，如具有管理之意思，亦不妨成立無因管理。上訴人主張被上訴人就系爭工程之施工有不完全給付之瑕疵，致王○公司、宏○公司遭受損害，伊出面與該二公司達成和解，賠償其損害云云。果如所言，被上訴人有不完全給付情形，上訴人並符前述要件，是否不能依不當得利、無因管理或不完全給付之規定為請求，即非無探究之餘地。原審就各該法律關係未詳加調查審認明晰，遽以前揭情詞，為上訴人不利之判決，亦屬可議。上訴論旨，指摘原判決不當，求予廢棄，非無理由」。

以下區分為 4 點說明之。

### (一)第三人清償與非債清償之區別

本判決認為，「第三人清償，若係誤認他人之債務為自己之債務而為清

償，即屬非債清償」。第三人誤認他人之債務為自己之債務而為清償，固屬非債清償，即第三人係以清償自己債務之意思對被害人為清償。但是此一情形，第三人並無為他人清償債務之意思；第三人既無為他人清償債務之意思而對被害人為清償，即不構成第三人清償，亦不可能成立民法第 312 條規定之有利害關係之第三人之清償。

　　相對的，若第三人係以為他人清償債務之意思而對被害人為清償，則此乃第三人清償。亦即所謂第三人清償，必須第三人認識其所清償之債務非為自己之債務，而係他人之債務❶❽❽；或者如最高法院在其他判決所言，第 312 條規定之第三人清償，係基於第三人之身分而為清償❶❽❾。換言之，若第三人就其清償之債務，並非認為係他人之債務，反而認為係自己之債務，則此一情形並非第三人清償❶❾⓿。

　　依上所述，本判決之承攬人就次承攬人施工造成他人之損害加以賠償，若承攬人係以為次承攬人清償債務之意思而對被害人為清償，則承攬人構成第三人清償。就本件之案例事實而言，承攬人多次請求次承攬人務必妥為處理本件損鄰事件之賠償事宜，惟均未獲次承攬人明確回應；同時，承攬人一方面遭被害人施壓，表明如未儘速出面處理賠償事宜，將依建築法第 89 條，請求主管機關對其處以勒令停工之處分，另一方面，業主知悉損鄰事件後，亦多次對其表示，倘因其未儘速處理賠償事宜致工期延誤，將對其請求債務不履行之損害賠償。基於此等情事可知，其後承攬人與被害人達成和解協議並為賠償，承攬人並非為清償自己債務而為清償，反而係以為次承攬人清償債務之意思，而對被害人賠償。換言之，承攬人所為之清償，不僅是第三人清償，而且依最高法院見解，亦屬民法第 312 條規定之就債之履行有利害關係之第三人❶❾❶。

　　反之，若承攬人係誤認次承攬人之債務為自己之債務而為清償，則承

---

❶❽❽　孫森焱，下冊，頁 1010–1011。

❶❽❾　92 臺上 1440。

❶❾⓿　孫森焱，上冊，頁 186。

❶❾❶　91 臺上 2544。

攬人係以清償自己債務之意思而為清償，承攬人並無為次承攬人或他人清償債務之意思，因此並不成立所謂之「第三人清償」，亦不宜稱為「第三人清償」。因此本判決之情形，若如最高法院本判決所稱，承攬人「係誤認他人之債務為自己之債務而為清償」，則僅宜稱為非債清償，不宜使用「第三人清償」之語，故本判決似僅須表示「若第三人誤認他人之債務為自己之債務，因而為清償，即屬非債清償」**⑲**。

### (二)第三人清償之不當得利返還

若第三人係以為他人清償債務之意思而對他人之債權人為清償行為，於事後確認此一債權人對該他人並未享有債權，學說認為，應依第三人之給付係自發而為，或者係由債務人促使、指示而為給付而判斷。

首先，若第三人自發地為他人對其債權人為清償，而事後確認此一債權人對該他人並未享有債權，即應由第三人對受領清償之人，依不當得利規定請求返還，因為第三人所為清償，係基於自己之決定，而非基於該他人即債務人之指示等，故不能認為係債務人之給付，而應解為第三人本身之給付。再者，他人之債務既不存在，第三人之清償並不能消滅該他人之債務，因此無法律上之原因受利益之人，乃無債權而受領清償之人，而非第三人所想像之債務人**⑲**。

其次，清償之第三人若係受誤認自己負有債務之人之指示或委託，而對於債權人為清償之行為，而事後確認債權人之債權並不存在，則第三人對於受領清償者所為之清償行為，在法律上係誤認自己負有債務而對第三人為指示或委託之人，對其想像中之債權人所為之給付，因此若事後確認該債權人之債權不存在，應由為指示或委託之人對受領清償之人，請求不當得利之返還**⑲**。

---

**⑲** 孫森焱，下冊，頁1010。

**⑲** Larenz/Canaris, 243.

**⑲** Larenz/Canaris, 242f.

解　說

> 例題 1.，應由債務人甲對丙依第 179 條請求不當得利返還，因友人乙係依債務人甲之指示對丙給付，法律上係債務人甲對丙之給付。例題 2.，因友人乙係自發地為甲對丙清償，故若丙對甲之債權不存在，應由乙自行對丙依第 179 條請求不當得利返還。

㈢第三人清償，若消滅債務人之債務，對債務人之求償問題

　　第三人之清償，若已消滅債務人對債權人之債務，例如 91 臺上 2544 之案例事實即屬之，尚須考慮第三人對該債務人之求償權問題。首先，若第三人係基於其與債務人間之契約，例如委任契約並依其指示而對債權人為清償，則第三人得依民法第 546 條第 1 項規定對債務人請求。

　　其次，若無契約關係，即須判斷是否成立無因管理。最高法院本判決在此說明「若第三人明知無清償之義務而為他人清償，且不違反該他人之本意並利於本人，雖以自己名義為之，如具有管理之意思，亦不妨成立無因管理」。但是管理人若成立適法的無因管理，依據 86 臺上 229，本人之受利益，既係基於法律所允許之管理人無因管理行為，自非無法律上之原因，並不成立不當得利；因此無因管理之請求權依據應在不當得利之請求權前加以檢討，但是 91 臺上 2544 先說明不當得利，再說明適法的無因管理，次序正相反。再者，本件實際並不成立無因管理，即本件之承攬人曾多次請求次承攬人務必妥為處理本件損鄰事件之賠償事宜，惟均未獲次承攬人明確回應；同時，承攬人又遭到被害人與業主兩方面之施壓，故自行與被害人和解並賠償。因此應可認定承攬人對被害人之賠償，違反本人即次承攬人明示或可得推知之意思，而且清償私人債務亦難以認為係為本人盡公益上之義務，因此承攬人無從依據適法無因管理之民法第 176 條第 1 項或第 2 項規定對次承攬人請求。此外，次承攬人與承攬人雙方進行本件訴訟至第三審，而且在 91 臺上 2544 判決中，次承攬人甚至抗辯其並未因承攬人之清償而受有利益，因此承攬人當亦無從適用民法第 177 條第 1 項規定對次承攬人請求。

　　其後，須進一步考慮之請求權依據係民法第 179 條以下有關不當得利之規定。次承攬人對被害人負有損害賠償義務，承攬人為其清償，次承攬人受有債務消滅之利益，而且次承攬人受利益並無法律上之原因，故承攬人得請求其返還不當得利，但清償債務依其性質不能原狀返還，故應償還價額❶。附帶而言，若第三人係有法律上利害關係之人，例如本件之承攬人，則依民法第 312 條規定，於其清償之限度內承受債權人之權利，但不得有害於債權人之利益。此一承受之權利與上述基於不當得利而生之請求權，無論是法律依據、擔保與消滅時效等均有所不同，故宜認為係二者併存。

 **解　說**

> 例題 3.，應如本節說明，依序檢討契約、無因管理及不當得利之請求權要件。

### ㈣非債清償之不當得利，另有真正債務人存在時

　　非債清償應由誤為清償之人對受領人依不當得利請求返還，並無爭議。但是非債清償時，另有他人為真正債務人之情形，究竟誤為清償之人應向受領人或真正債務人依不當得利請求返還，不無爭議。

　　1. 否定說

　　我國學說認為，誤他人之債務為自己債務而清償之情形，應由清償之第三人向受領清償之人，依不當得利規定請求返還，因為清償之第三人並無為債務人向債權人清償債務之意思，反而第三人是為清償自己債務而為清償，此一給付乃第三人自己之給付，與真正之債務人無關；因此若事後確認第三人對受領清償之人並未負有債務時，即應由第三人對受領清償之人依不當得利規定請求返還❶。

---

❶　王澤鑑，頁 235，頁 239。

❶　王澤鑑，頁 127；陳自強，《契約之內容與消滅》，2004，頁 388；劉春堂，〈三人關係之給付不當得利〉，《私法學之傳統與現代（下）：林誠二教授六秩華誕祝壽論文集》，2004 年，頁 241-243；德國學說相同見解，參見 Esser/Weyers, 61; Wieling, 25–26, unter §3 III 1 d).

## 2.肯定說

相對的，91 臺上 2544 認為，「第三人清償，若係誤認他人之債務為自己之債務而為清償，即屬非債清償，若該他人確有是項應負責之債務，因第三人之清償而受利益，該第三人自得依不當得利法則請求返還」，言下之意當係認為第三人得對真正債務人依不當得利請求返還。按本判決之見解，係以第三人誤為清償而得消滅真正債務人之債務為前提，因為若未消滅真正債務人之債務，真正債務人之債務仍然存在，並未受利益。但此前提，如否定說所述，第三人誤為清償係在清償自己債務，並無為真正債務人清償之意思，故第三人之清償並未消滅真正債務人之債務。

## 3.德國實務與學說

有德國學說主張，第三人得嗣後變更其清償意思，但是此一見解具有爭議性。肯定說認為，受領清償之人既已受領清償，其債權事實上已滿足，不值得保護❿，故第三人得嗣後變更其清償意思，以便對真正債務人請求不當得利返還。否定說則認為，若誤為清償之第三人得變更其清償意思，則已受領清償之人對真正債務人之債權將因而消滅，已受領清償之人將無從請求真正債務人履行債務，故已受領清償之人之債權人將遭受不利影響❿；此外，第三人作為不當得利請求權人應承擔所受利益不存在之風險❿，而不宜肯定其得嗣後變更清償意思。

---

❿　Schlechtriem, Restitution und Bereicherungsausgleich in Europa, Band 2., 2001, Rn 216; Larenz/Canaris, 1994, 193, §69 III 2 c). Wieling, 26 雖採否定見解，但表示肯定見解或許是德國通說；另外，Jauernig/Stadler, 2004, §812 Rn 75 則更明確表示肯定見解為德國通說。這主要是因為德國聯邦最高法院採取給付之人得嗣後變更清償意思之見解，參見 BGH NJW 1986, 2700, 2701. 但是如同 Esser/Weyers, 61 Fn. 104 所言，本判決（Weyers 引用 BGH JZ 1987, 148，但同於 BGH NJW 1986, 2700）所涉及之案例事實極為特殊，依其性質，依社會法之原則加以解決較為妥適；類似說明，參見 MK/Lieb, §812, Rn 92; 而且 Lieb 進而認為，本判決欠缺陳述力與說服力，且此種嗣後變更給付目的之見解，一如既往欠缺必要性。

❿　參見 Esser/Weyers, 61. 又 MK/Lieb, §812, Rn 90–92; Wieling, 26 亦採否定見解。

舉例而言,第三人甲誤認他人債務為自己債務而對債權人乙為 1000 元之清償,事後確認丙係真正債務人。乙連同受領甲清償之 1000 元總計有財產 1500 元,而且乙另有債權人丁、戊、庚及辛 4 人,且各人之債權為 1000 元;此外,乙對丙有 1000 元債權。若採得嗣後變更清償意思之見解,則甲得對真正債務人丙,請求 1000 元之返還;同時,乙對丙之債權,因第三人甲嗣後變更清償意思而消滅,故乙僅有財產 1500 元,由乙之債權人丁、戊、庚及辛 4 人平均受分配,即各 375 元之分配。反之,若採不得嗣後變更清償意思之見解,甲僅能就其不當得利返還請求權與其他債權人平均分配受償,即甲、丁、戊、庚及辛 5 人平分 2500 元,甲與丁、戊、庚及辛僅各獲 500 元之分配。

4.本書採否定見解

首先,就第三人甲與債權人乙之比較而言,若甲並非誤為清償,則乙受領清償,債權已消滅。但是第三人甲既係誤為清償,則乙對丙之債權,並未消滅;其次,民法第 182 條規定,係以不當得利受領人不知或知無法律上原因,而決定其返還義務之範圍,若乙因善意不知無法律上之原因,且所受利益不存在,或已支付不能或破產,則不當得利債權人甲應承擔乙所受利益不存在或已支付不能或破產之風險[200]。

其次,既然關鍵在於乙已支付不能或破產,則更應就甲與乙之其他債權人即丁、戊、庚及辛加以比較。但是依債權人平等原則,甲與丁、戊、庚及辛,不分軒輊,應共同承擔其共同債務人乙之支付不能或破產,難以認為甲應優先於丁、戊、庚及辛受保護[201]。當然,乙因受領第三人甲誤為清償之金錢而有增加其財產,若甲僅得平均參與分配,對甲有所不公,但是此一觀點似僅當甲係最後成為乙之債權人之情形,始能成立;若甲誤為清償之後,丁、戊、庚及辛才依商品或勞務之交易,而成為乙之債權人,則丁、戊、庚及辛亦係對其共同債務人乙之財產有所增益之人。再者,依

---

[199]　王澤鑑,頁 128。

[200]　王澤鑑,頁 128。

[201]　Wieling 26, unter §3 III 1 d).

債權人平等原則，究竟何人對共同債務人乙先取得債權，並無影響，因為只要各債權人無法定優先受償權或擔保物權等加以保護，均僅能平均受償。因此第三人甲相較於受領清償之人乙之其他債權人丁、戊、庚及辛，若無優先受償或受償較多之權利，自亦無從嗣後變更清償意思，而影響其他債權人就債務人乙之財產平均受償之權利。

再者，第三人得嗣後變更清償意思的法律依據究竟何在，德國學說一般提出者係類似我國民法第 311 條第 1 項之第三人清償規定，並以第三人誤為清償，得嗣後變更其清償意思為依據❷。但是此一理由，不無以問答問之嫌，因為爭議問題正是第三人得否嗣後變更清償意思，然而此一見解之答案卻是原本並無為債務人清償債務意思之第三人，因其得嗣後變更清償意思，故得適用民法第 312 條第 1 項規定。此外，採取肯定說者亦有訴諸於合意抵銷者。此一情形或許得以適用於其本身明示限制之案例，即簡化返還關係，且雙方並無正當利益得以反對。但是此一見解恐難普遍適用於其他第三人得否嗣後變更清償意思，致得對真正債務人請求之問題，理由是已支付不能或破產之受領清償之人或其破產管理人，尤其是其債權人，可以斷言絕對不可能表示同意。其次，若一方面對此一問題採取當事人得合意之見解，然而另一方面又對某一個別當事人之不同意，解為違反誠信原則故無須斟酌，嚴格而論，亦有循環論證之嫌。甚至，受領清償之人拒絕同意，亦難以認為違反誠信原則，亦即若受領清償之人得主張所受利益不存在，或實際已支付不能或破產等，則前者具有民法第 182 條第 1 項規定作為依據，而後者則是受領清償之時既存或之後發生之情事。縱使受領清償之人，一方面主張所受利益不存在，或已支付不能或已破產，第三人僅得依破產程序行使不當得利返還請求權；另一方面受領清償之人、其破產管理人或其債權人，仍得對於真正債務人行使受領人之債權，雖可能對清償之人不公，但此等「優惠」，既係依法得主張者，恐難認為受領清償之人之不同意有違誠信原則，或以損害該第三人為主要目的（參見民法第 148 條第 1 項及第 2 項規定）。

---

❷　Flume, JZ 1962, 282 unter 7.

最後，若第三人對無債權之人所為清償涉及財產權之移轉變動，則第三人須依意思表示始可發生財產權移轉變動之結果（動產：第 761 條第 1 項；不動產：第 760 條），因此表意人僅當符合民法第 88 條、第 89 條或第 92 條第 1 項等規定時，尤其是第 88 條第 1 項但書規定，須非因表意人之過失所致之錯誤，始得撤銷意思表示，而且亦僅得因此而對受領人請求返還。如今若承認第三人得單方嗣後變更其清償之意思決定，並得以轉而對真正債務人求償，似將使我國民法此等規定成為具文，並非妥適。

小結：第三人誤為清償，應自行承擔不當得利債務人所受利益不存在或支付不能或破產之風險，不宜承認其得嗣後變更清償意思。

# 第五節
## 給付類型不當得利返還請求權之限制

法律上成立不當得利返還請求權之情形，仍須注意並非當然有權請求返還，因為第 180 條乃限制不當得利返還請求權之行使之規定。第 180 條第 1 款至第 4 款規定，僅適用於給付類型之不當得利[203]。

第 180 條各款規定之適用，學說表示，當事人雖未主張，法院應依職權審查之[204]。相對的，本書認為，本條第 1 款至第 3 款，均僅涉及當事人個人利益，法院不應依職權審查之，反而須由當事人自行主張不須返還，且他方爭執時亦須舉證證明，法院始得斟酌適用；至於同條第 4 款，因涉及公共利益，故法院得職權適用，不須經當事人主張。

## 一 給付係履行道德上義務

### 例　題

甲對乙有救命之恩，乙乃對甲表示願贈與純金打造之金牌一面，以示感謝甲救命之恩，甲盛情難卻之下，表示同意。其後，乙可否撤銷此一贈與契約？又若甲受領贈與物之後，對乙有故意傷害行為經判刑確定，此時乙得否撤銷贈

---

[203]　王澤鑑，頁 128。
[204]　王澤鑑，頁 129。

與契約，並依第 419 條第 2 項，請求甲返還贈與物?

 ## 解 說

　　給付係履行道德上之義務，致不得請求返還，德國教科書之典型案例，是誤以他人為自己負有扶養義務之人，而加以扶養，但是實際卻無扶養義務，亦即前提是給付者不知自己並無給付義務，卻仍為給付❿。若給付者明知自己無給付義務而在履行道德上義務，則適用民法第 180 條第 3 款，不得請求返還❾。又雖然給付者不知自己無給付義務而為給付，性質上係無法律上之原因而為給付，但若給付係在履行道德上之義務，即不能主張返還。給付是否在履行道德上之義務，單純從客觀上判斷❼。德國學說表示，本款規定，已明顯喪失重要性，幾乎已無較新之實務判決❽。

　　再者，依第 408 條第 1 項前段規定，贈與物之權利未移轉前，贈與人得撤銷其贈與；此乃為避免贈與人輕率表示贈與而設之保護規定。又同條第 2 項規定，為履行道德上義務而為贈與，不適用本條前項得撤銷贈與之規定，以尊重道德上義務之拘束。同理，若已依贈與契約為給付時，更不得依本條項規定加以撤銷，亦即若依贈與契約為給付，則乃是在履行贈與契約之義務而不再屬於履行道德上之義務；且因有贈與契約存在，相對人受領給付，有法律上之原因。

　　此外，若有第 412 條、第 416 條或第 417 條規定之情形，贈與人仍得撤銷贈與契約。撤銷後，原依贈與契約所為之給付，依據第 419 條第 2 項規定，贈與人得依關於不當得利之規定，請求返還贈與物。本條項規定僅係闡釋性規定❾。由於此一情形係因贈與人依法撤銷贈與契約之結果，故即使贈與之給付係履行道德上義務，贈與人撤銷後仍得依本條項規定請求不當得利返還

---

❿　MK/Lieb, §814 Rn 17 und 18. 此外，92 臺上 1699 之原審法院，亦有類似之說明。

❾　Palandt/Sprau, §814 Rn 8.

❼　MK/Lieb, §814 Rn 17; 王澤鑑，頁 130 表示，應依社會觀念認定道德上之義務。

❽　MK/Lieb, §814 Rn 18.

❾　參見第三章，第五節，三，以及 95 臺上 802。

之權利，不受第 180 條第 1 款規定影響❷⑩。

## 二 債務人對未到期債務因清償而為給付

第 180 條第 2 款規定，債務人對未到期之債務因清償而為給付，不得請求返還❷⑪。本款規定之適用須特別注意第 316 條規定；依後者之規定，定有清償期者，債權人不得於期前請求清償，如無反對之意思表示時，債務人得於期前為清償。由於債務人得清償未到期之債務，而且債權人亦有債權存在，故債務人即使不知係期前清償，亦不得對債權人請求返還。此一情形，因債權人之受領有法律上之原因，故根本不構成不當得利，而非先成立不當得利，然後依據本款規定不得請求返還❷⑫。

至於債務人得否對債權人請求返還自清償時起迄至清償期屆至止之中間利息，學說認為，宜採否定說，以免法律關係趨於複雜❷⑬。

## 三 給付時明知無給付義務而為清償

### (一)概　說

第 180 條第 3 款規定，涉及所謂明知之「非債清償」❷⑭。此一規定之立法依據是矛盾行為禁止原則，亦即給付者既係明知無給付義務而為清償，若又得主張不當得利返還，無異出爾反爾，故有本條第 3 款之明文規定❷⑮。

本條本款規定須給付時明知無給付義務仍為清償，才構成不得請求返還之法律效果，因此過失或重大過失致為給付，並不適用本款規定❷⑯。此

---

❷⑩　但 50 臺上 2197，似採不同見解。

❷⑪　參見 83 臺上 2174。

❷⑫　王澤鑑，頁 132。

❷⑬　王澤鑑，頁 133。

❷⑭　所謂非債清償，依 91 臺上 1557，係指雖無債務，而以清償債務為目的所為之給付。

❷⑮　MK/Lieb, §814 Rn 2; 王澤鑑，頁 134。

❷⑯　94 臺上 897。

外，債務人「因避免強制執行或為其他不得已之理由而為給付者，雖於給付時，明知債務不存在，仍得請求返還」㉗。又給付者明知法律行為所依據之意思表示得撤銷，仍為給付，於撤銷後，給付者亦不得依不當得利請求返還㉘。

再者，本款之明知之非債清償，不得請求返還之規定，若適用於第三人清償之情形，宜加區別。依第 311 條，第三人得清償債務人對債權人之債務；第三人清償時，第三人亦知悉自己對債權人並無清償義務而為清償，但是若嗣後確認債務人對債權人並未負有債務，而第三人係自發對債權人清償，仍得依不當得利請求返還，已如上述㉙。亦即第三人清償時，第三人知悉自己對債權人並無給付義務，乃第三人清償時當然存在之性質，故並無第 180 條第 3 款之適用。第三人清償時，關鍵在於第三人須明知債務人對債權人並無給付義務，才適用第 180 條第 3 款，不得請求返還。

## ㈡ 92 臺上 1504

本件涉及某公司對其已解任之董事，持續發給常務董事酬勞、伙食費、車馬費津貼及其他不定期之年節獎金，92 臺上 1504 認為，「判斷是否『明知無給付之義務』，應以自然人或法人於給付時是否具有主觀上明知無給付義務之情形為準，非以代表法人之自然人或受領人之主觀意思為斷。而且被上訴人於八十二年六月九日收受蕭○○所交付之股票轉讓過戶申請書時，已知上訴人轉讓股份五十萬股與蕭○○；嗣於八十三年六月十七日及同年九月二日再轉讓十萬股及五十五萬股與林○煌及林○漢，應知上訴人已因轉讓股份超過選任時股份之二分之一，依公司法之規定當然解除董事職務，不因辦理過戶登記者僅有轉讓予林○煌之十萬股及轉讓與林○漢之四十九萬股（分別過戶給林○漢、林○良、林○彥）而有不同」。

## ◎簡　評

本判決之說明，尚有若干疑問。首先，在此宜認為，代表某股份有限

---

㉗　74 臺上 1057；81 臺上 2123。

㉘　王澤鑑，頁 134。

㉙　第二章，第四節，七，㈡。

公司之董事長之知悉與否足以判斷該法人之知悉與否。又本件之某公司之董事長是否明知無給付義務而為清償，因其對法律規定認知有誤，故似應採否定見解。

其次，本判決表示，「被上訴人於八十二年六月九日收受蕭○○所交付之股票轉讓過戶申請書時，已知上訴人轉讓股份五十萬股與蕭○○；嗣於八十三年六月十七日及同年九月二日再轉讓十萬股及五十五萬股與林○煌及林○漢，應知上訴人已因轉讓股份超過選任時股份之二分之一，依公司法之規定當然解除董事職務」。但是後一句說明之應知，得否認為已屬明知，尚有疑問；即使是應知而不知，依最高法院見解，過失或重大過失不知而為給付，並不構成第 180 條第 3 款之適用❷❷⓪。故本判決後一句之應知，若果真有意藉此否定某公司之不當得利返還請求權，則其正確用語應是已知。

再者，即使上訴人因轉讓超過選任時持有股份二分之一，依公司法第 197 條規定❷❷①，董事當然解任，亦不代表某公司已知悉上訴人董事當然解任，某公司從此不再對上訴人負有給付董事酬勞等之義務，因為依本件之原審判決，某公司之董事長及董事會與上訴人間，就上訴人股份之轉讓，共同努力安排，以避免上訴人股份轉讓過戶登記超過選任時持股二分之一，並進而由上訴人繼續擔任董事，且支付上訴人董事酬勞等。依據此等事實，似可認為某公司給付時，並非明知自己無給付義務。因此若嗣後確認，依公司法第 197 條第 1 項，上訴人董事當然解任，則某公司自得就上訴人當然解任後所受領之董事酬勞等，請求返還，而不受第 180 條第 3 款之限制。

## 四 因不法之原因而為給付

### ✎ 例 題

1.甲販賣毒品（參見毒品危害防制條例第 2 條規定）予乙後，遭警方逮捕。試問，乙得否依不當得利請求甲返還價金？

2.公司發起人甲，在公司設立登記後一年內，將其股份移轉予受讓人乙，試

---

❷❷⓪　94 臺上 897。

❷❷①　最高法院本判決網路下載之說明，係誤載為公司法第 179 條。

問，此一交易行為之效力如何? 又甲乙相互間，得否依不當得利請求返還給付?

　　3.甲出租房屋予乙，供乙經營賭場或應召站，並交付之（第423條），其後經警方查獲。試問，甲得否依第767條之所有物返還請求權，請求乙返還該屋之占有?

### (一)立法依據

　　依第180條第4款前段規定，因不法之原因而為給付者，不得請求返還。德國學說過去認為，係處罰從事不正當行為，但目前多已認為係對於法律制度不承認之交易行為不提供國家之權利保護[222]。但此一見解僅能說明立法結果，未能提供應考慮之因素。最近，另有主張所謂一般預防之見解，即法律行為有背於公序良俗，無效（參見第72條），不生制裁，至於法律行為違反法定禁止規定，雖可能受秩序罰，但此通常亦不足以嚇阻，故本款此一規定得以使行為人不為相關行為，以免無從請求返還[223]。但此一見解僅提供單一觀點，似難以概括全部之可能因素[224]；而且即使行為人行為違法應受處罰，但涉及秩序罰時，並非當然表示應加以嚇阻，而不得請求返還已為之給付。

### (二)適用要件

#### 1. 不法之原因

　　第180條第4款前段規定，因不法原因之給付，不得請求返還。首先，最高法院表示，本款「所謂因不法之原因而為給付，係以一方已為給付，而他方又已加以受領為其構成要件。倘受利益人並非由於受領行為而受利益，即無上開條款規定之適用」[225]。

---

[222]　MK/Lieb, §817 Rn 9. 此外，參見王澤鑑，頁140。但是王著，頁150仍有「係屬一種法律上的制裁」之語。

[223]　Larenz/Canaris, 162f. 此外，孫森焱，上冊，頁172，亦有預防作用之語。

[224]　Burrows, 584 表示，英國之（修正）法律委員會 (Law Commission) 1999年之建議，共列有五項因素，預防觀點，僅係其一。其他，尚有所涉不法之嚴重性，原告之認知與意圖，否定不當得利請求是否得以促進達成契約不法（而無效）之規定之目的，以及否定不當得利請求是否與不法相稱。

其次，依據通說，所謂不法之原因，包括違反強行規定與違反公序良俗在內❷。最高法院判決中，81 臺上 742 雖認為，所謂不法原因係指給付之原因違反公共秩序或善良風俗而言，非謂凡違反強制或禁止規定之行為均屬之，但是 84 臺上 1083 則認為，乃指給付違反強制規定及有悖公序良俗者而言。

對於此一不當得利法上最棘手之問題，在此無法詳論，但不宜一概認為此一規定，僅指違反公共秩序或善良風俗，或一概認為包括違反強行規定與違反公序良俗，反而適用第 180 條第 4 款，應個案認定是否符合「因不法之原因而為給付」之要件，而不得請求返還❷。粗略而言，給付因法律行為違反強制或禁止規定，或有背於公共秩序或善良風俗而無效，均係適用民法規定之結果，故得依不當得利請求返還（第 179 條）；僅當給付符合第 180 條第 4 款，「因不法之原因而為給付」，才不得請求返還。在此，尤其應考慮交易行為之相關情事、不法之性質、內容或嚴重程度，或交易客體之性質等而定。基於此一見解，最高法院自 20 上 2129 之劫匪贓物寄藏、29 上 464 及 29 上 626 有關鴉片煙土之合夥經營之出資，或委託處理之報酬，至 29 附 600 之販賣人口為娼之對價❷，不得請求返還，值得贊同。

又判斷有無違反公共秩序，亦須參考整體法律制度之相關規定或原則❷，公共秩序與強行規定並無法切割，故第 180 條第 4 款不宜適用上述所謂「僅指違反公共秩序或善良風俗」之見解，而認為給付僅違反法律強制或禁止規定時，仍得請求返還。例如違反毒品危害防制條例，或違反槍

---

❷ 83 臺上 2677。

❷ 王澤鑑，頁 147；史尚寬，頁 84；鄭玉波，頁 120。不同見解，孫森焱，上冊，頁 172，僅限於法律行為有背於公共秩序或善良風俗。

❷ 不同見解，Adrian Schmidt-Recla JZ 2008, 67 bei Fn. 132.

❷ 參見《最高法院民事判例要旨》，民國 96 年 6 月版，頁 83。此外，52 臺上 3304，亦有押女為娼而授受之款項，不得請求返還之說明。

❷ 黃立，《民法總則》，2005 年修訂 4 版，頁 326 表示，公共秩序，指在實證法中存在的概括性原則，包括憲法上的基本權利，這些原則是法律的基礎價值準據。

砲彈藥刀械管制條例之交易對價及其標的物，應適用第 180 條第 4 款，不得請求返還，而非得以請求返還。

再者，第 180 條第 4 款，亦不宜適用另一見解，認為違反強制或禁止規定，即不得請求返還。例如 83 臺上 3022 之案例，最高法院認為，「雙方當事人違反公司法第一百六十三條第二項規定交付股票及交付價金，均基於不法原因之給付，且雙方均有所認識，故不得起訴請求返還價金」。但是違反公司法第 163 條第 2 項規定，固得解為違反民法第 71 條之禁止規定而無效，但是此一給付並非必然應解為不法原因之給付，致適用民法第 180 條第 4 款規定而不得請求返還；尤其，公司法第 163 條第 2 項規定之目的，係不欲公司發起人在公司登記後一年內移轉其股份，然而依本判決之見解，卻反而使雙方實際完成移轉股份及交付價金之結果，並非妥適。

又如 87 臺上 2677，涉及山地保留地，原審法院認為，兩造所定之讓渡契約，因違背法令給付不能而無效，被上訴人得依不當得利之法律關係，請求上訴人返還價金，最高法院則質疑表示，被上訴人自始即知為山地保留地，「倘兩造間就系爭土地之讓渡，確為現行法令所禁止，被上訴人基於此項禁止讓渡而為之給付是否為不法原因之給付？能否依不當得利之法律關係請求上訴人返還？」對於本件之情形，宜認為，依相關山地保留地法令或地政法規即可達成山地保留地之交易限制，故山地保留地之交易，並不成立本條第 4 款之「因不法之原因而為給付」，致不得請求返還。亦即當事人相互間，得依不當得利請求返還，可謂較符山地保留地之相關法令規定目的。

 **解　說**

　　例題 1.，乙不得依不當得利對甲請求返還價金。

　　例題 2.，甲與乙之交易行為無效，依第 179 條得請求不當得利返還；且有別於 83 臺上 3022 見解，並非不法原因之給付，不適用第 180 條第 4 款規定。

　2.主觀之要件

我國學說認為，鑑於排除不當得利請求權係屬一種法律上的制裁，在

解釋上應認民法第 180 條第 4 款本文規定的適用，須以給付人對給付原因不法性的認識具有故意或過失為要件❷。此一見解，具有相當依據❷，但是本書認為，第 180 條第 4 款之適用，涉及法律秩序之維護，宜採客觀見解，例如來自大麻或槍枝得合法交易之國家之人，在我國從事大麻或槍枝交易所給付之金錢，縱使其主觀上認為行為合法，但是適用第 180 條第 4 款規定，仍不得請求返還。

### (三)適用情形

就第 180 條第 4 款規定之適用，有以下幾種情形：

#### 1.只有給付之人有不法之原因

例如賭博電玩店對派出所警員行賄，經警員向督察室或上級長官報告，則行賄之給付人適用第 180 條第 4 款前段規定，不得請求返還交付之賄款。

#### 2.給付之人與受領人皆有不法的原因

例如對公務員違背職務之行為交付賄賂，或報載某妻買兇殺夫之案例。此等情形所支付之金錢，係第 180 條第 4 款之因不法之原因而為給付，不得請求返還。

#### 3.僅受領人有不法原因

例如行為人擄人勒贖或勒索等，被害人就所為之給付，得請求返還。此等情形，給付人明知無給付義務，仍不適用第 180 條第 3 款，因為此係受脅迫而為，故縱使明知無給付義務，仍得適用同條第 4 款但書規定請求返還。

綜而言之，依第 180 條第 4 款規定，因不法之原因而為給付，給付者應自行承擔不得請求返還之後果，但是不法之原因僅存在於受領人一方者，不在此限。

### (四)主張不法情事，是否影響自己之侵權行為損害賠償請求權

56 臺上 2232 以及其後之 70 臺上 1998，均有所謂「按為行使基於侵權行為之損害賠償請求權，有主張自己不法之情事時，其為此不法之目的所

---

❷ 王澤鑑，頁 150；史尚寬，頁 84。

❷ 參見 MK/Lieb，§817 Rn 42；以及上揭❷引用 Burrows, 584 之說明。

支出之金錢，應適用民法第一百八十條第四款前段規定，認為不得請求賠償」之語。此一情形，雖如學說所言，正確應是類推適用，而非適用第 180 條第 4 款❷❸❷，但就此二件判決，仍應肯定最高法院之結論。換言之，此二判決之共同處在於，請求權人欲以金錢力量，使考試院舉行之考試發生不正確之結果，或使其所犯詐欺再審案件，遂其所願，致受他人詐欺而交付一定金額。固然，如同不同見解所言，詐欺者僅係請求權人之經手人，請求權人對其並無給付之意思❷❸❸，但是在此係類推適用第 180 條第 4 款規定，而非適用；其次，本款規定之內容，並非（給付類型）不當得利之獨有原則，而是私法制度之基本原則❷❸❹，故請求權人對受領人無給付之意思之下，本款仍得類推適用於其所主張之侵權行為之損害賠償請求權❷❸❺，而不得請求賠償。

---

❷❸❷　王澤鑑，頁 153。但是應指出者，56 臺上 2232 判決全文，原文係正確使用「類推適用」第 180 條第 4 款規定，反而是（96 年版之）《最高法院判例要旨》錯誤使用「適用」之用語。《最高法院判例要旨》，若欲保留此一判例，宜更正用語為類推適用，以免適用與類推適用不分，並且避免侵害 56 臺上 2232 判決法官之名譽。

❷❸❸　王澤鑑，頁 153。

❷❸❹　Burrows, 571 at Fn. 11 and Fn. 12 分別指出，英國法下，原告依侵權行為或契約之訴訟，被告得以原告之不法主張抗辯。此外，對不當得利返還請求，被告亦得主張此一抗辯。不同見解，德國聯邦最高法院判決認為，類似第 180 條第 4 款之德國民法第 817 條第 2 句規定，乃例外規定，故不宜再類推適用至其他規定，參見 BGH NJW 1992, 310f. unter II 2 c).

❷❸❺　至於 74 臺上 2511，涉及黃金之期貨交易。上訴人主張係遭被上訴人詐欺，訴請依侵權行為請求損害賠償，最高法院認為，按為行使基於侵權行為之損害賠償請求權，有主張自己不法之情事時，應適用民法第 180 條第 4 款本文之規定認為不得請求賠償。因而原審根據該規定判決上訴人敗訴，縱所用文字「不得請求返還」欠妥，但結果並無不當，仍應予維持。但是黃金及黃金之期貨交易，即使違反法令（據原審所稱，違反金融措施辦法，及國家總動員懲罰暫行條例等），應予處罰，亦僅係取締規定性質，不應以此為依據否定上訴人之請求權。

㈤第 180 條第 4 款是否適用於第 767 條之問題

 解　說

　　例題 3.中之甲出租某屋給乙經營應召站，為期二年，並已交付。此一租賃契約違反公序良俗，無效（第 72 條）。學說認為，此一情形，乙無權占有甲之房屋，甲依第 767 條，行使所有物返還請求權時，「類推適用」第 180 條第 4 款規定，應認在此二年租賃期間內不得請求返還[236]。但是應指出者，雖然租賃契約因違反公序良俗而無效，甲不得請求給付租金，但上述見解之結果是乙得使用收益甲屋二年；且若乙尚未交付租金，則乙得「無償」使用收益甲屋；又若締結租約當時，乙已支付租金，且若甲在二年內不得請求返還房屋，則形同維持交易。此一結果是否符合第 180 條第 4 款之規定，不無疑問。因此雖然學說認為本例類推適用第 180 條第 4 款前段，故甲不得依第 767 條規定請求返還，然而此一情形宜認為甲得依第 767 條規定請求返還。因為解為違反公序良俗而無效者，乃當事人間之租賃契約；租賃契約無效，不應影響房屋所有權人之所有權，故宜認為甲自租賃契約無效時起，即得依第 767 條規定，請求返還房屋之占有。至於乙尚未支付租金，因契約無效，甲不得請求；乙已支付租金，適用第 180 條第 4 款前段規定，乙不得請求返還。乙已先支付租金，相較於甲，固蒙受依法不得請求返還租金之不利益，但是此乃乙之行為違反公序良俗下應自行承擔之風險。

---

[236]　Medicus, Rn 661f.；王澤鑑，頁 154，頁 142。

# 第 3 章

非給付類型不當
得利之構成要件

　　所謂非給付類型之不當得利，其共同特徵是此類案例之發生，均非基於不當得利返還請求權人為履行債務而為給付之結果，反而多係基於不當得利債務人本身或第三人之行為而獲得利益（侵害型、無權處分型），或雖因請求權人自己之行為造成他方獲利，但亦非基於給付行為，反而多是因其不知或疏忽之行為致債務人獲利（例如為他人支出費用型）。此外，所謂第三人清償（第 311 條以下），亦可能發生求償型之不當得利，而得以對債務消滅而受利益者求償。最後，法定應適用不當得利者，包括第 816 條、第 197 條第 2 項、第 419 條第 2 項規定及第 266 條第 2 項。

　　非給付類型之不當得利，適用第 179 條規定，亦須具備無法律上之原因而受利益，致他人受損害之要件。其次，非給付類型之不當得利，約有以下 5 種主要狀況，侵害型、無權處分型、為他人支出費用型、求償型及法定型。

# 第一節
## 侵害型

 **例　題**

　　1.甲先無權占有第三人丙之土地，其後，乙就同一土地無權占有。試問，甲得否對乙主張不當得利返還請求權？

　　2.共有人甲，逾越其應有部分之範圍，就共有物為使用收益而受利益。試問，甲是否成立不當得利？

　　3.甲擅自提領乙在銀行之存款，以清償甲對丙之債務，試問，何人對何人得主張不當得利返還請求權？

 **一　概　說**

　　所謂侵害型不當得利，係指一方依自己或第三人之行為等，且基於不當得利返還請求權人之權益犧牲，而無法律上之原因有所取得利益，例如未經運動明星授權，即製造印有其肖像或姓名之商品銷售；或者侵害他人

智慧財產權而牟取利益。目前學說，有違法性說及權益歸屬說之爭論。前者認為，是否成立不當得利係以該獲利之侵害行為是否違法而定❶。本說受批評之處，首先在於此一見解難以說明給付類型之不當得利，例如甲不知其與乙之契約無效，而對乙為給付，甲之行為並無違法性；此外，甲為趕上一項獲利豐碩之交易之約定時限，致駕車超速撞傷乙，甲之行為具有違法性，且因而獲有利益，但難以認為乙得對甲請求此一獲利，反而僅能依侵權行為請求損害賠償❷。再者，不當得利有別於侵權行為，並不以造成一方受利之獲利過程具有違法性為必要，而且亦非任何造成一方受利益，他方權益受侵害之過程，均得解為具有違法性。後者，即權益歸屬說，乃目前多數採取者，例如所有權或無體財產權，均應由其權利人使用、收益及處分等，他人無法律上之原因予以使用、收益及處分，乃侵害應歸屬權利人之權益，例如未與所有權人締結租賃契約，或未經權利人授權，即使用收益他人之物或無體財產權。但是此乃無爭議部分，其他一定權利地位應否承認，或是否應歸屬特定主體，依權益歸屬說，尚難以回答，而有補充之必要❸。

## 　二　構成要件

### ㈠受利益者依侵害行為而取得利益

　　侵害型之不當得利，並非基於不當得利返還請求權人之給付，故屬於非給付類型之不當得利，而且通常是基於受利益者之行為，例如行為人依強盜、搶奪或竊盜行為而取得他人財物之占有，或依偽造之行為得以在他人土地上設定擔保一定債權金額之抵押權❹；或共有人逾越其應有部分之範圍，就共有物為使用收益而受利益❺；或行為人未取得系爭專輯之著作

---

❶　引自 MK/Lieb, §812 Rn 240; 王澤鑑，頁 160。

❷　MK/Lieb, §812 Rn 241.

❸　MK/Lieb, §812 Rn 245f.; 王澤鑑，頁 164–165。

❹　65 臺再 138。

❺　55 臺上 1949。

權或未經著作權人之同意，即授權他人銷售系爭專輯❻；或行為人擅自提領他人存款，以清償自己對第三人之債務❼。至於在此可能取得之利益，得參照第二章，第一節之說明。

## (二)致他人受損害

德國法下所謂基於他人費用之要件，在侵害類型之不當得利，雖仍有適用餘地，但是目前已不再採取所謂受領人受有利益，請求權人須受有相對應之損害之見解，因為不當得利有別於侵權行為，並不在於針對請求權人之財產減少賦予損害賠償之保護，而是在於使不當得利返還請求權人對受領人請求返還利益。亦即不當得利涉及的是請求返還利益，而非請求權人喪失利益之回復。因此不當得利亦不須探究請求權人究竟喪失多少利益，或者請求權人喪失現存或預期之財產若干❽。其次，侵害型之不當得利，亦不因當事人係直接侵害行為之人，或係造成喪失利益與獲得利益之過程之人，而即負有返還不當得利之義務❾，因為很可能是第三人獲得利益，而非侵害行為人。

侵害型之不當得利，所謂致他人受損害之要件，在於確定何人是不當得利返還請求權人❿，亦即確認財產損益變動時，一方有所取得利益是否基於他人財產之負擔，而以相關財產權人之費用而有所取得，此時，該財產權人即為請求權人；換言之，所謂權益歸屬說係涉及到「基於他人費用」此一要件。其後，才須探討有無法律上之原因之要件⓫。

例如依據 93 臺上 2438，甲無權占有第三人丙所有之土地，且甲將該

❻ 92 臺上 1307。

❼ 95 臺上 715。

❽ Esser/Weyers, 79. 雖然如此，最高法院就第 179 條所謂「損害」，仍稱係指既存財產之積極減少或應得利益之消極喪失，例如 95 臺上 1077。相對的，亦請參見 65 臺再 138 判例所謂，「損益之內容是否相同及受益人對於受損人有無侵權行為，可以不問」。

❾ Esser/Weyers, 80.

❿ Loewenheim, 98.

⓫ MK/Lieb, §812 Rn 234f.

土地出租予另一人乙。若甲與乙之租賃契約屆期後，乙繼續占有使用收益，本判決認為，甲對乙，無從主張不當得利；反而，不當得利返還請求權人乃第三人丙。此一見解，值得贊同。

對於相似之事實，94 臺再 39 認為：

民法第一百七十九條前段規定，無法律上之原因而受利益，致他人受損害者，應返還其利益。其判斷是否該當上開不當得利之要件時，應以「權益歸屬說」為標準，亦即欠缺法律上之原因而違反權益歸屬對象取得其利益者，即應對該對象成立不當得利。若為惡意占有他人之物之無權占有人，依民法第九百五十二條之反面解釋，其對他人之物並無使用收益權能，即欠缺權益歸屬內容，自不得依不當得利之法則，請求占有該物之第三人返還該使用占有物所受之利益。

◎簡　評

本判決，以權益歸屬說認定不當得利受領人究竟是基於何人財產之負擔，而有所取得利益之說明，應予以肯定。雖然如此，本判決先引用第 179 條，並表示應以「權益歸屬說」為標準，若未配合其後有關惡意占有他人之物之無權占有人以及占有該物之第三人之說明，實際難以知悉在此涉及者乃侵害型不當得利，並涉及究竟何人才是不當得利返還請求權人之法律問題。此外，所謂「其判斷是否該當上開不當得利之要件時，應以『權益歸屬說』為標準」，亦宜留意此一見解僅適用於侵害型不當得利[12]，而非一概適用於所有不當得利類型。最後，若已得認定占有人係惡意占有他人之物之無權占有人，則其對他人之物，並無使用收益權能，即欠缺權益歸屬內容，實際並不須贅述「依民法第九百五十二條之反面解釋」。最後，反面解釋之語亦不如反面推論精確。

 解　說

　　例題 1.，甲不得對乙依第 179 條請求不當得利返還，因甲並非土地所有

---

[12]　MK/Lieb, §812 Rn 232ff., 245f.（且認為，所謂權益歸屬內容之概念亦有必要予以補充）.

權人。

### (三)無法律上之原因

就侵害型不當得利，依權益歸屬說，權益歸屬內容，不僅具體化「基於他方之費用」之要件而同時決定何人係侵害型不當得利之當事人，而且亦顯示不當得利債務人究竟有無法律上之原因，亦即不當得利債務人受有應歸屬他人權益內容之利益，原則上即無法律上之原因，例外僅當其具有特定保有利益之依據時，例如事先經權利人同意，才具有法律上之原因[13]。

其次，造成不當得利債務人取得應歸屬他人權益，而且是基於他人費用之行為，並不須具有違法之性質；此亦不當得利與侵權行為之差異之一，亦即侵權行為下，侵害他人權利之行為，乃法律評價之先決要件，但是不當得利，債務人只要有所取得利益，取得之種類與方式，無關緊要，關鍵在於其最終有所取得之狀態，並進而藉其有無保有利益之特定依據，判斷其是否符合財物歸屬之一般原則，或應依不當得利規定予以返還；例如債權人以違法方式自力實現債權，雖須負侵權行為損害賠償責任，但仍有法律上之原因保有利益[14]。

此外，涉及三方關係時，一方對他方雖有請求權，但是此一請求權並不足以作為因他方侵害第三人權益行為致一方所取得利益之法律上依據，反而必須一方本身對該第三人即不當得利返還請求權人，有保有之依據，才構成法律上之原因[15]，例如一方未取得系爭專輯之著作權或未經著作權人之同意，即授權他方銷售系爭專輯[16]，則一方與他方間之契約關係，根本無從作為對抗真正著作權人之依據。

 **解　說**

例題2.，甲逾越其應有部分而使用收益之利益，亦屬不當得利。例題3.

[13]　MK/Lieb, §812 Rn 334; Loewenheim, 99.

[14]　MK/Lieb, §812 Rn 336.

[15]　MK/Lieb, §812 Rn 337.

[16]　92 臺上 1307。

應由乙對甲依第 179 條請求不當得利返還，丙並非不當得利債務人，因丙係依其債權受領債務人甲給付而取得金錢，有法律上之原因，故不成立不當得利。

## 三 若干最高法院判決及其簡評

### (一) 90 臺上 1482

　　查系爭房屋，均為建商黃○春、春○公司與地主即上訴人合建房屋之一部分，因被上訴人之前手或未繳交買賣價金或與地主發生糾紛，苟非可歸責於地主之事由致被上訴人無法取得房屋坐落土地之所有權，則被上訴人多年來無償使用上訴人所有之系爭土地，上訴人尚須負擔巨額之稅金，顯失公平，依上開說明，被上訴人既使用上訴人之土地自應支付相當之代價予上訴人，則上訴人依不當得利之法律關係，請求被上訴人返還相當於租金之不當得利，能否謂無理由，即有再事斟酌之餘地。最高法院本判決認為，上訴人之上訴有理由。

◎簡　評

　　最高法院本判決之結論，值得贊同。但是最高法院在上段說明前尚謂「應類推適用租賃之法律關係，由使用土地之房屋所有人支付相當之代價予土地所有人，方屬公平」；此一說明，仍屬有誤。在此，應係被上訴人多年無償使用上訴人所有土地，係無法律上之原因而受有利益，但依其利益之性質不能返還，適用第 181 條但書，應償還價額，故客觀認定價額時，得斟酌租金之市場行情，以確定價額。

### (二) 91 臺上 1537

　　租賃契約為債權契約，出租人不以租賃物所有人為限，出租人未經所有人同意，擅以自己名義出租租賃物，其租約並非無效，僅不得以之對抗所有人。至所有人得否依不當得利之法律關係，向承租人請求返還占有使用租賃物之利益，應視承租人是否善意而定，倘承租人為善意，依民法第九百五十二條規定，得為租賃物之使用及收益，其因此項占有使用所獲利益，對於所有人不負返還之義務，自無不當得利可言；倘承租人為惡意時，

對於所有人言，其就租賃物並無使用收益權，即應依不當得利之規定，返還其所受利益。

◎簡　評

本件涉及第三人未經所有人同意，擅自出租予承租人，而發生所有人得否依不當得利之法律關係，向承租人請求返還占有使用租賃物之利益之問題。最高法院本判決之見解，明顯有誤。

首先，民法第 952 條規定，善意占有人，依推定其為適法所有之權利，得為占有物之使用及收益；又民法第 943 條規定，占有人於占有物上，行使之權利，推定其適法有此權利。換言之，民法第 952 條規定，僅適用於學說所謂有所有意思之善意占有人❶，即善意以為自己係所有權人之占有人，至於若是其他情形之善意占有人，僅適用民法第 943 條規定。

其次，民法第 943 條，僅當所有人對承租人主張民法第 767 條或第 179 條時，推定承租人其適法有此權利，亦即於有爭執時，應由所有人舉證證明承租人相對於其（即所有人），為無權占有或無法律上之原因，故不生所謂「所有人得否依不當得利之法律關係，向承租人請求返還占有使用租賃物之利益，應視承租人是否善意而定」之結論。此外，此一承租人若係善意，對於占有之回復請求人即所有人，自亦適用民法第 953 條至第 955 條規定。

綜上所述，所有人對此一承租人得行使民法第 179 條之不當得利返還請求權；又承租人雖已對出租人支付租金，但是此等租金無從依民法第 182 條第 1 項規定，對所有人主張所受利益不存在，自其應返還之不當得利中加以扣除，因為此係承租人對第三人即出租人之支出，而非對所有人所為之支付，承租人應自行對出租人行使債務不履行之權利。最後，承租人自受請求時起，得認為承租人已知負有返還義務，適用民法第 182 條第 2 項規定，負加重之責任。

㈢ 92 臺上 1751

按請求權之消滅時效完成後，依民法第一百四十四條第一項規定，債

---

❶　史尚寬，《物權法論》，民國 64 年臺北 4 版，頁 526。

務人得拒絕給付，固係採抗辯權發生主義，債務人僅因而取得拒絕給付之抗辯權，並非使請求權當然消滅。惟如債務人行使此項抗辯權，表示拒絕給付，債權人之請求權利因而確定的歸於消滅，債務人即無給付之義務，嗣後如因法院之強制執行而為給付，因非基於債務人任意為之，依民法第一百八十條第三款規定之反面解釋債務人自得依不當得利之規定，請求債權人返還。

◎簡　評

　　最高法院本判決認為，債務人行使消滅時效完成之抗辯權，表示拒絕給付，債權人之請求權因而確定的歸於消滅，債務人即無給付之義務，值得肯定**⓲**，理由是，民法雖採消滅時效完成，債務人得拒絕給付之規定（第144條第1項），但是若經債務人提出時效完成之抗辯，債權人之請求權即應確定消滅，而使當事人間之權利義務關係明確，否則任由債權人繼續請求，而債務人亦須再提出時效完成之抗辯，徒增困擾。但是本判決後段表示，「嗣後如因法院之強制執行而為給付，因非基於債務人任意為之，依民法第一百八十條第三款規定之反面解釋債務人自得依不當得利之規定，請求債權人返還」，文義上或許可能造成誤會，而得改寫為「因非基於債務人任意為之，故縱使債務人明知，亦不適用第一百八十條第三款規定**⓳**，故仍得依不當得利之規定，請求返還」。此外，反面解釋之語，亦不如反面推論精確。

㈣92臺上1855

　　本件○平醫院提供洗腎室由簡○毅經營，嗣後由上訴人與簡○毅締約接續經營，二者間合約書之約定，○平醫院85年以前洗腎室營業稅款，應由簡○毅負擔。但是○平醫院自應付與上訴人之健保給付中扣留，支付該稅款。最高法院本判決認為，○平醫院謂所扣之款乃伊與簡○毅間契約約定洗腎室應付而積欠之款項，則簡○毅似因○平醫院之扣款行為受有無須支付該稅款之利益，致生上訴人未能獲取此部分健保給付之損害，且兩者

---

**⓲**　相同見解，參見82臺上3025。

**⓳**　參見74臺上1057。

間具有因果關係，能否謂簡○毅無不當得利情形，尚非無疑。

◎簡　評

　　上訴人與簡○毅締結契約接續經營洗腎室，約定被上訴人劉○平即○平醫院85年以前洗腎室營業稅款，應由簡○毅負擔，乃二人間之約定；依原審之認定，○平醫院並未同意上訴人接續經營，故並無應付予上訴人健保給付款之義務，而且如最高法院所稱，○平醫院謂所扣之款乃伊與簡○毅間契約約定洗腎室應付而積欠之款項，因此上揭所謂「○平醫院自應付與上訴人之健保給付中扣留，支付該稅款」之語，尚有疑問。其次，就請求權依據而言，上訴人對簡○毅提起給付之訴，遭第一審判決駁回，經提起第二審上訴遭駁回，上訴第三審後，最高法院以不當得利請求權為依據，認為簡○毅無法律上之原因受有利益。但是上訴人與簡○毅間，既有締結契約接續經營洗腎室，且約定85年12月31日前之收入、支出及稅賦由簡○毅負擔，卻仍遭○平醫院以其與簡○毅間契約約定洗腎室應付而積欠之款項，而予以扣款，則上訴人似得依其與簡○毅之契約對簡○毅請求即可。換言之，本件得否如同本判決之見解，認為簡○毅成立不當得利，尚有疑問。

　　㈤ 95 臺上 375

　　本判決認為，「按民法第 225 條第 2 項關於債務人因嗣後給付不能債權人有代償請求權之規定，僅於債之雙方當事人間始有其適用。本件系爭二、三樓房屋，係被上訴人之被繼承人黃○清於買受系爭一樓房屋後所出資興建具有獨立出入口之未經保存登記之房屋，為原審認定之事實，果爾，此為黃○清原始取得之財產，究與上訴人有何債權債務關係？原審徒以黃○發於出售一樓房屋後，負有移轉房屋納稅人名義之義務，即謂黃○發同時應負變更二、三樓房屋納稅義務人名義之義務，繼而依上開法條規定命上訴人讓與系爭二、三樓房屋之補償費給付請求權，亦有違誤。上訴意旨，指摘原判決不當，求予廢棄，非無理由。又徵收補償費之受領權人，雖為被徵收物之所有人，但未經保存登記之不動產，其受領權人❷為對該不動產有事實上處分權之人。而被上訴人就系爭被徵收之未經保存登記之建物，

---

❷　網路下載之判決內容，在「其受領權人」之後，有一「如」字，似屬多餘。

亦確有事實上之處分權，則其依民法第225條第2項規定之代償請求權為主張部分，縱使不應准許，其另依不當得利法律關係，請求對領取權有爭執之上訴人，移轉系爭補償費給付請求權，是否無據？案經發回，宜一併注意及之」。

◎簡　評

　　本判決值得肯定。本件之所有人受領之徵收補償費，其中徵收物中之系爭二、三樓之部分之補償費，若係應歸屬對之有事實上處分權之人，則此人對收取該補償費之所有人，得依不當得利規定，請求返還。

# 第二節
## 無權處分型

　　對無權處分與不當得利之關係，以下區分為四種情形說明之。

## 一 有償之無權處分

　例　題

　　假設甲借或租某畫給乙，其後，乙與丙就該畫成立買賣契約，並移轉交付該畫給丙，且取得價款5萬元，在此並假設該畫市價是3萬元。

### 解　說

　　首先，乙與丙間之買賣契約，不因標的物係甲之所有物而受任何影響，仍為有效，因為買賣契約性質上是債權行為，僅使雙方當事人成立債權債務之法律關係，不以出賣人就標的物有所有權為必要；若出賣人不能依買賣契約履行債務，使買受人取得標的物之所有權及占有，應負債務不履行責任而已（第353條）。

　　其次，因乙並非該畫之所有權人，故乙與丙間就該畫所為之讓與合意及交付，乃無權處分，丙並未因此而取得該畫之所有權，亦即乙與丙間之物權行為，在所有權人甲尚未承認之前，效力未定（第118條第1項）。依據本條項規定，若所有權人甲承認，即發生該畫所有權移轉之效果，丙取得該畫所

有權；反之，若甲不承認，仍須留意動產或不動產之善意取得之特別規定，前者即第 801 條及第 948 條；後者即土地法第 43 條。本例之丙，若是善意，得依第 801 條及第 948 條，善意取得該畫所有權。

至於土地法第 43 條最常見之例子，是土地所有人甲為了脫產，而與相對人乙通謀虛偽意思表示，將土地所有權出賣並移轉給相對人乙。這時所有權人甲與相對人乙間之買賣契約及物權行為，適用第 87 條第 1 項前段，均無效，故相對人乙並未取得系爭土地之所有權，所有權人仍是甲。相對人乙雖然沒有取得系爭土地之所有權，但是乙有取得所有權之登記，故乙是登記名義上之土地所有權人，而甲才是真正所有權人，故存在所有權登記名實不符的狀態。這時如果相對人乙再和第三人丙締結買賣契約並移轉系爭土地之所有權，而第三人丙係善意而信賴相對人乙係系爭土地所有權人之登記，第三人丙，適用土地法第 43 條及第 87 條第 1 項但書規定，得主張善意受讓。

### 1. 丙取得該畫所有權之情形

若丙有取得該畫所有權，例如丙因善意，而取得該畫所有權（第 801 條及第 948 條），則甲無從對善意受讓之丙主張丙取得該畫所有權係無法律上之原因，而須依不當得利返還予甲。亦即丙依其與乙間之買賣契約而取得該畫之所有權，依債之關係相對性原則，無從對抗甲，但是丙係依第 801 條及第 948 條取得該畫所有權，故一般認為，丙得依善意受讓之規定作為法律上依據，而對抗原所有權人，理由是讓善意受讓人丙依第 801 條及第 948 條善意取得動產，卻又因對甲係無法律上之原因，而須返還善意取得之動產所有權予甲，則第 801 條及第 948 條實際並無規定必要❷，因此此二條文宜解為乃善意取動產之人丙，不須對原所有權人甲，負不當得利返還責任之依據。

在丙已終局取得該畫所有權下，甲對乙得主張之權利，首先涉及契約之請求權依據。亦即債務人乙（借用人或承租人）因有可歸責之事由，致給付不能而無法返還，適用民法第 226 條第 1 項，債權人甲得請求損害賠償。雖然因可歸責於債務人之事由，致給付不能，並未如同因不可歸責於債務人之

---

❷　Larenz/Canaris, 138f.（Fn. 22 並稱，正文所述在結果上乃德國通說見解），144f.; 200.

事由致給付不能般，特別規定第 225 條第 2 項，但是通說認為，宜類推適用
民法第 225 條第 2 項❷。換言之，在此案例中，類推適用本條項規定，甲得
向乙請求 5 萬元之價款。通說此一見解，具有使違約之債務人無從享有其違
約利益之效果，較值得採取；反之，若採否定見解，則無異鼓勵債務人違約，
並使其享有違約之利益。其次，甲對乙亦得依第 177 條第 2 項，準用同條第
1 項規定，請求乙返還乙明知不法管理之所得 5 萬元，至於甲依本條第 1 項，
對乙所負之第 176 條第 1 項對於管理人之義務，以其所得利益為限。再者，
就不當得利而言，甲因乙之無權處分及善意受讓規定，致喪失該畫所有權，
且丙取得該畫所有權，而且乙雖係依丙就金錢之讓與合意及交付而取得出賣
該畫所有權之對價，但是法律上仍宜認為乙取得該畫之對價是基於甲喪失該
畫所有權，所以甲得對乙依不當得利請求返還。但是甲對乙之不當得利返還
請求權，依通說見解，損害大於利益時，應以利益為準，利益大於損害時，
則應以損害為準❸，故甲僅得請求該畫之客觀價額，即 3 萬元。最後，乙亦
成立侵權行為之要件（第 184 條第 1 項前段），但甲就該畫所有權喪失之損
害，僅得請求該畫之客觀價額，即 3 萬元。

### 2.丙未取得該畫所有權之情形

若丙未取得該畫之所有權，例如丙並非善意，或該畫係盜贓遺失物而由
乙取得占有（第 949 條），則該畫之所有權人仍是甲，而且丙占有該畫，係基
於丙與乙之買賣契約，依契約相對性原則，無從對抗甲，故甲得依第 767 條
及第 179 條，對無權占有人丙，請求返還該畫之占有。此外，甲自知悉乙之
違約行為時起，已得請求乙返還該畫，故甲自此時起至請求返還占有止，因
喪失該畫之占有而無法使用收益之損害，亦得依侵權行為，對乙請求損害賠
償（第 184 條第 1 項前段）。

又上段情形下，丙未能取得甲之畫之所有權，但極有可能丙已去向不明，

---

❷　王澤鑑，《民法學說與判例研究㈤》，頁 265–266；黃立，頁 465–466（註 64，
　　並有其他文獻）。不同見解，孫森焱，下冊，頁 520 註 38 處。

❸　王澤鑑，頁 246。又孫森焱，上冊，頁 177，或鄭玉波，頁 122，均未引用 61 臺
　　上 1695，但見解同於王澤鑑。

甲無從對丙，依第 767 條及第 179 條，請求該畫占有之返還，此時甲得承認乙之無權處分，而溯及處分行為時即發生效力（第 118 條第 1 項及第 115 條），故甲對乙，得依上揭 1.之說明，分別主張權利。但是甲之承認，可能致甲兩頭落空，既無法在發現丙之後，對丙請求，亦可能乙已揮霍一空，無從返還，因此德國通說認為，甲之承認與無權處分人返還所受利益，應解為處於同時履行抗辯之關係，二者應同時履行❷❹。

其次，丙未能取得該畫之所有權，且由甲對其請求返還該畫之占有，則丙對乙可能得依第 353 條，依債務不履行之規定，行使其權利。但是若丙於契約成立時，知有權利之瑕疵者，出賣人不負擔保之責，但契約另有訂定者，不在此限（第 351 條）。

附帶而言，動產善意取得之標的物係盜贓遺失物時，依第 949 條規定，占有物如係盜贓或遺失物，其被害人或遺失人，自被盜或遺失之時起，二年以內，得向占有人，請求回復其物。雖然最高法院 77 臺上 2422 認為，此二年之內，該占有人已係所有權人，但是對此另有認為，本條規定之二年之內，所有權人仍未喪失所有權❷❺。本書認為，後一見解，較為可採。首先，後一見解，較符合本條規定之文義。其次，如此解釋，亦使所有權人與占有人間之法律關係，得以適用第 952 條以下有關所有權人及占有人間關係之法律規定。再者，更重要的是，第 948 條係以標的物乃基於所有權人自己之意思決

---

❷❹ MK/Lieb, §818 Rn 26; Larenz/Canaris, 182. 又 Lieb 認為，在此之承認，解為附有解除條件，有一定之困難。此外，承認之後，德國通說認為（Medicus, Rn 705; MK/Lieb, §818 Rn 29），依德國民法第 816 條第 1 項第 1 句規定，所有權人得請求返還「交易所得」，反對見解則認為，僅得請求「客觀價額」。我國法下，所有權人甲，若係依契約（類推適用第 225 條第 2 項）及明知不法管理（第 177 條第 2 項），得請求乙返還交易價款；若係依不當得利返還請求權，因無如同德國民法第 816 條第 1 項之明文，故僅得請求客觀價額。

❷❺ 蘇永欽，《民法物權爭議問題研究》，民國 88 年初版 2 刷，頁 315–324；史尚寬，《物權法論》，民國 64 年臺北 4 版，頁 519，但並參見史著頁 520 表示，善意取得人除對被害人及遺失人（包括所有人）外，對其他任何人均處於已取得所有權之地位。

定，而由相對人取得物之占有，故所有權人應承擔相對人無權處分下，顧及交易安全，受讓人得善意受讓動產所有權之後果；反之，對非基於所有權人意思而喪失占有之情形，例如盜贓或遺失物，若如同最高法院見解，解為第三人亦得善意受讓取得所有權，既不符第 949 條規定之文義，亦不符本條與前條之區分，更有違反憲法第 15 條保障人民財產權之嫌。

## 二 無償之有權處分

　　假設甲出賣某畫給乙，並移轉交付，乙再將該畫轉贈給丙，並移轉交付該畫。其後確認甲乙間之買賣契約無效、不成立或意思表示被撤銷，而該畫動產所有權之移轉，因物權行為獨立性與無因性，已發生效力。乙對丙，乃無償之有權處分。對此，參見第二章，第四節，二，例題 5 之說明。

## 三 無償之無權處分

　　假設甲出賣某畫給乙，並移轉交付；乙再將該畫轉贈給丙，並移轉交付該畫；而且甲與乙之間有關某畫之買賣契約與物權行為，因具有共同瑕疵，經甲撤銷意思表示，故買賣契約與物權行為均為無效（第 114 條第 1 項）。乙對丙，乃無償之無權處分。對此，參見第二章，第四節，二，例題 6 之說明。

## 四 無法律上原因之有償之無權處分

 例 題

　　甲出賣某畫給乙，並移轉交付；乙再將該畫轉賣給丙，並移轉交付該畫；在此，不僅甲與乙之間有關某畫之買賣契約與物權行為，因具有共同瑕疵，經甲撤銷意思表示，故買賣契約與物權行為均視為自始無效（第 114 條第 1 項），而且乙與丙間之買賣契約亦無效、不成立或意思表示被撤銷。

**解 說**

### 1.丙得否善意取得之問題

首先，本例甲與乙間有關某畫之買賣契約與物權行為，具有共同瑕疵，經甲撤銷意思表示，故二者均視為自始無效（第114條第1項），故乙僅取得某畫之占有。其後，乙與丙間就該畫成立買賣契約，有效，因為買賣契約性質上係債權行為，僅在當事人相互間成立債權債務關係，不生物權之移轉變動，故不以債務人就標的物有處分權為必要。至於乙就該畫所為所有權移轉之讓與合意及交付，因乙未取得該畫之所有權，故屬無權處分（第118條第1項），但是若丙為善意，即得取得該畫之所有權（第801條及第948條）。雖然乙與丙間之買賣契約無效或不成立，致有學說認為，丙善意取得須以有效之債權行為為依據[26]，但是動產所有權之善意取得並不以原因行為有效為前提，將動產所有權之善意取得繫於債權行為有效，係混淆債權行為與物權行為之區分，故仍宜維持債權行為與物權行為之區分，而認為只要物權行為有效，即使債權行為無效等，仍發生動產所有權之移轉，故本例之丙仍可取得該畫之所有權[27]。至於丙雖取得該畫之所有權，但因乙與丙間之買賣契約無效或不成立，充其量僅得認為丙取得該畫之所有權，無法律上之原因而已。

### 2.應由何人對何人請求不當得利返還

其次，有爭議的是，究竟由何人對丙請求不當得利返還。首先，有認為，甲得對丙直接請求不當得利返還。但是此一情形，仍宜採取所謂雙重不當得利返還請求權之見解，即甲對乙及乙對丙個別主張不當得利返還請求，亦即不當得利返還請求權，原則上應在有瑕疵之法律關係當事人間主張，以維持瑕疵法律關係之當事人間之抗辯，並避免轉嫁支付不能或破產之風險[28]，因此應由乙對丙請求不當得利返還；至於甲對乙，德國通說認為，甲得依不當

---

[26] 史尚寬，《物權法論》，民國64年臺北4版，頁506–507。

[27] 王澤鑑，頁187–189。

[28] MK/Lieb, §816 Rn 40; 此外，參見第二章，第四節，一及二。當然，若是乙與丙間之契約關係，並非買賣契約，而是例如贈與契約，乃屬上揭所謂無償之無權處分，依上述，宜類推適用第183條規定，由甲對丙直接請求不當得利返還。

得利請求乙讓與對丙之不當得利返還請求權❷。但若採此一見解，則丙將得以其對乙之抗辯對抗甲，例如丙將得主張自己對乙之給付返還請求權對抗甲，因此亦有認為，乙亦負有義務將其所受領之對待給付一併讓與甲。若乙認為，如此行事，仍使其對丙負有返還不當得利之義務，即不如由乙自行與丙進行不當得利返還之請求，因此有學說認為，甲請求乙返還其（乙）所取得之對待給付與乙對丙之不當得利返還請求權，乃促使乙對丙請求不當得利返還之有效且必要之強制手段❸。

### 3. 乙對丙得請求不當得利返還之內容

值得注意的是，依據上述，本例之乙，僅取得該畫之占有，並未取得該畫之所有權；至於本例之丙取得該畫之所有權，係依乙之無權處分，結合動產善意受讓規定，而取得該畫之所有權，因此乙對丙請求不當得利返還之內容，亦有爭議。對此，德國多數學說認為，乙對丙僅能請求返還該畫之占有，而且在乙回復占有時，甲亦同時回復其所有權❸。因為無權處分人乙，僅占有該畫，而非該畫之所有權人，故不能由乙向丙主張該畫所有權之不當得利返還。其次，若乙得請求丙返還該畫所有權，則乙之其他債權人，即得扣押該畫，致影響甲之權利。再者，無權處分人乙，就該畫所有權並無任何值得保護之利益，亦不宜肯定乙得請求丙返還該畫之所有權。最後，有學說表示此一情形乃法律漏洞，即民法對無權處分，有規定動產善意受讓，但是對無權處分，受讓人取得所有權，而無法律上之原因之情形，未加規定，故宜相應於動產善意取得之情形，因占有人依讓與合意交付占有予受讓人，得使受讓人善意取得般，而認為受讓人返還占有予無權處分人時，原所有權人即取得該畫之所有權❸。反之，少數學說認為，乙可對丙直接請求返還該畫之所有權，再由甲對乙主張權利，理由是受讓人丙雖負有不當得利返還義務，但丙已取得該畫之所有權，因此丙返還予乙者，乃該畫之所有權，始較符當事

---

❷ MK/Lieb, §816 Rn 41; 王澤鑑，頁 189–190。二者均表示，此乃德國通說。

❸ MK/Lieb, §816 Rn 41.

❸ Esser/Weyers, 86. 並參見 Hans-Josef Wieling, Sachenrech, 1990, Bd. I, 397, 398.

❸ Johann Braun, ZIP 1998, 1472 und 1473.

人間之利益狀態❸。但是此一見解，將使乙之其他債權人無端得以扣押該畫並進而拍賣而受償，影響甲之權利，並非可採。

## 第三節
### 為他人支出費用型

 **例 題**

甲對自己土地施肥或灌溉，但一時誤認或疏忽致施肥或灌溉在鄰人乙之土地。試問，甲得否對乙請求不當得利返還？又乙在何等情形下，得對甲主張存在所謂強迫受利而不須負返還責任？

## 一 為他人支出費用而成立不當得利返還請求權

為他人支出費用，使其所有物維持、改善或回復等，致他人獲得利益，例如鄰居出遠門碰到颱風來襲，鄰居的門窗屋頂因颱風受損，為其找人修理並支付費用，可能會構成無因管理（第 172 條）。此一情形，特別注意最高法院 86 臺上 229 之見解，即適法無因管理具有法律上之原因，並不成立不當得利。但是，除此等具有為他人處理事務意思之案例之外，亦可能發生因不知或錯誤而以為係在對自己所有物支出費用以維持、改善等，但實際卻是針對他人之物而為之情形，例如對自己果樹或土地施肥或灌溉，但一時誤認或疏忽施肥或灌溉在鄰地。此等案例，行為人並無為他人處理事務之意思，不構成無因管理（第 172 條）；亦非明知之不法管理（第 177 條第 2 項）；而且行為人並未占有鄰地，亦不適用所有權人與占有人關係之相關規定（第 952 條以下），而僅得考慮是否得依不當得利請求返還。至於行為人是否構成侵權行為，原則上可能欠缺故意或過失；而且鄰人似亦無損害，因此不成立侵權行為（第 184 條第 1 項）。此一對他人果樹或土地施肥或灌溉之情形，亦屬為他人支出費用，但又非基於履行債務之給付，故成立非給付類型之不當得利。但是此等為他人支出費用型，亦應特別注意不

❸ Rolf Weber, JuS 1999, 10.

當得利受領人究竟有無所謂強迫受利之情事。

## 二 強迫受利之情形

### ㈠意　義

　　所謂強迫受利，例如土地房屋之所有人，任其房屋荒廢閒置，第三人將房屋整修粉刷；或者例如農夫灌溉自己農田，但疏忽將水引入他人已荒廢休耕之鄰地加以灌溉。在此情況下，除可能發生添附，有物權移轉變動之外，亦有諸如勞務付出或金錢支出等，究竟應當如何處理之問題。

### ㈡法律適用

　　法律適用上，上述情形，雙方並無契約作為權利義務之依據。其次，若此一第三人有為本人管理事務之意思，則此一管理行為亦因違反本人明示或可得推知之意思，成立第 177 條第 1 項之不適法之無因管理；但是此一管理意思未必存在，因為行為人可能是疏忽，以為針對自己所有物而為相關行為。再者，除契約及無因管理外，亦可能發生第三人是否得對所有人請求不當得利返還之法律問題，例如所有人將土地與房屋一起出賣，而房屋因經他人整修，故價值增加，致所有人出賣價格也向上攀升，所有人受有利益，而須負不當得利返還之義務。反之，若房屋對所有人已無價值，計畫出賣土地並由將來之買受人自行處置或拆除。此時第三人對房屋之整修，對於所有人而言，實際毫無利益，因此須考慮不當得利的受領人是否負有不當得利返還義務。

　　德國學說對於強迫受利，有主張涉及所有權人及占有人間之關係，宜就德國民法第 994 條（類似我國民法第 954 條）解為係特別規定，或限縮本條之費用概念。但是此一見解，除須面對本條規定解釋之疑問外，特別是無從適用於欠缺所有權人與占有人關係之案例。其次，亦有認為得類推適用德國民法第 814 條（類似我國民法第 180 條第 3 款），但是本條乃有關給付類型不當得利之規定，而且更須給付之人明知無義務，然而在此，卻是非給付類型不當得利，而且更重要的是，請求權人亦可能不知而非明知，例如上述灌溉鄰地之例。對此，德國通說見解認為，受領人負返還利益之

義務，但是依其利益之性質或其他情形不能返還，而須償還價額時，對於此一價額，採主觀價額之見解。因此若此等利益，對所有人而言，實際上並未取得利益，便不須返還或償還價額。而且若受領人實際並未受有利益，亦得主張所受利益不存在（第 182 條第 1 項）❸❹。亦即第 182 條第 1 項之所受利益不存在，立法當時係考慮保護不知無法律上之原因之不當得利債務人，於利益已不存在，或支出得扣除之費用時，即不須負該部分利益之返還或償還價額之責任；在此，利益於客觀上雖然存在，但是主觀上，對受領人而言，卻毫無價值，未獲得利益❸❺。

強迫受利案例，除上述所有人房屋等待拆除重建，而第三人加以整修，或灌溉他人荒廢之農地之外，在第三人為債務人清償債務時，也很可能發生強迫受利的情況。例如第三人自行為債務人對債權人清償債務，很有可能是債務人得對其債權人主張時效完成之抗辯，或者甚至連債務是否存在都還在爭執當中，因此若第三人為其清償債務，這種情況除了可能涉及不適法無因管理外，對債務人而言，亦可能是強迫受利。

### 闫 91 臺上 887

按八十八年四月二十一日修正八十九年五月五日施行前之民法債編第一百七十七條，固未如修正後之第二項增設有「準無因管理」之規定而得準用同條第一項「未盡義務人無因管理」之規定向本人請求其所得之利益，且該準無因管理人明知他人之事務而以自己之利益為管理，如屬惡意之不法管理，衡諸誠信原則，亦不得逕依同法第八百十六條按關於不當得利之規定請求償金。惟該準無因管理人若為惡意占有人，其因保存占有物不可欠缺所支出之必要費用，自仍得依關於無因管理之規定對本人請求償還，此觀同法第九百五十七條規定甚明。

### ◎簡 評

本件精簡之案例事實是甲向乙承租木造房屋，分配予員工丙，而由丙之繼承人丁等人在甲終止使用借貸關係後加以改建為磚造。本判決之說明

---

❸❹　王澤鑑，頁 248–250；MK/Lieb, §812 Rn 313.

❸❺　MK/Lieb, §812 Rn 314.

次序及前二說明，不無疑問。

首先，無論修正前之第 177 條，依通說所謂之類推適用本條，或修正後之第 177 條第 2 項，均須本人主張享有因管理所得之利益，才有本人以其所得之利益，負前條第 1 項之義務之法律效果。

其次，雖然本判決表示，「準無因管理人明知他人之事務而以自己之利益為管理，如屬惡意之不法管理，衡諸誠信原則，亦不得逕依同法第 816 條按關於不當得利之規定請求償金」，但是在此，並不須適用誠信原則排除第 816 條，而是應當適用第 957 條規定。

本判決其後，亦說明第 957 條之適用。依據本條之規定，惡意占有人請求返還之費用，並非僅客觀必要即可請求返還，而是須其利於本人，並不違反本人明示或可得推知之意思，才可主張第 176 條第 1 項之請求權。雖然乙主張系爭房屋已預定辦理報廢拆除，對伊而言並無任何利益可言，但是最高法院本判決認為丁等人在原審一再主張相反事實之重要攻擊方法，遭原審恝置不論，復未於理由項下說明其取捨意見，……，有判決不備理由之違法。本判決此一見解，值得肯定。基於此一見解，本判決並不須先列出上述前二說明，更何況該二說明內容尚有疑問。

### ㈣ 92 臺上 3

原被上訴人國立中興大學法商學院（即現今之國立臺北大學）將其管理之國有財產房屋，分配予教職員等使用，於該教職員等退休或死亡後，原被上訴人請求返還時，該教職員之繼承人等請求被上訴人給付系爭房屋之增建部分之補償金。原審法院認為，「系爭房屋增建部分，係分別供廚房、浴室、客廳、臥室、餐廳或儲藏室使用，均與原建物連為一體，倘非依附於原有建物，毫無增建使用之機會與必要，各該增建部分自已附合而成為系爭房屋之一部分，依民法第八百十一條之規定，應由系爭房屋所有人取得所有權。而原被上訴人於上訴人交還系爭房屋後，即須將系爭土地返還臺灣土地銀行，否則尚須每月負擔鉅額之土地補償金，該土地補償金遠高於上訴人所請求之增建房屋補償金，足見被上訴人取得上訴人所增建房屋並無受利益可言，上訴人請求被上訴人給付增建房屋補償金，核屬無據」。

最高法院本裁定認為，上訴人之上訴不合法，故裁定駁回。

◎簡　評

　　上段所謂之「土地補償金」，應係指臺灣土地銀行對原被上訴人，已獲勝訴判決，得依不當得利規定，請求返還其無權占有系爭房屋坐落之土地之償金。

　　本件之增建部分，若係在使用借貸關係存續中即已完成，則本件即應適用第469條第2項，於因而增加該借住房屋之價值，準用第431條第1項之規定，亦即須貸與人知其情事而不為反對之表示，始得於使用借貸關係終止時，對其請求償還其費用，而且以其現存之增價額為限。

　　其次，若增建部分係在使用借貸關係消滅後才進行且完成，增建之上訴人或其被繼承人，原則上乃惡意占有人；雖然如此，對於此等有益費用，其仍得依不當得利請求返還❸❻，但原被上訴人得主張須將系爭房屋坐落之土地返還臺灣土地銀行，故增建部分對其而言係「強迫受利」，而不須償還；至於原被上訴人對臺灣土地銀行返還土地之義務，若因上訴人拒絕返還房屋而遲延，則原被上訴人對上訴人，亦得依侵權行為規定，請求損害賠償。換言之，本件似不須比較原被上訴人對臺灣土地銀行之不當得利償還義務之金額以及增建房屋之費用金額。

# 第四節
## 求償型

## 一　乃非給付類型之不當得利

　　求償型之不當得利多係第三人為債務人清償對債權人之債務（參見第311條以下），例如父母子女配偶或朋友相互間發生為他方清償債務之情形。在此，債務人因第三人為其對債權人清償，而獲得債務消滅之利益，但仍係非給付類型之不當得利，主要理由是第三人乃對債權人給付，而使債務人債務消滅，而非第三人對債務人給付，故就第三人與債務人而言，

---

❸❻　61臺上1004。

仍屬非給付類型之不當得利。

 **例　題**

假設甲為友人乙對第三人丙清償乙對丙的債務。試問，甲對乙之求償權之請求權依據為何？

 **解　說**

甲與乙間，若有契約作為甲為乙清償之依據，甲即得逕依例如委任契約作為對乙請求返還費用之依據（第 546 條第 1 項）。又即使是贈與契約，因有契約作為依據，亦不成立不當得利。至於無因管理，須考慮是否適法，主要是為他人清償債務並非必然有利於債務人或符合其明示或可得推知之意思，例如債務人有時效完成或同時履行等抗辯，為其清償債務並非有利於債務人。但是若不成立適法之無因管理，僅得適用第 177 條第 1 項有關不適法無因管理之規定，本人仍得主張享有無因管理所得之利益，而本人所負第 176 條第 1 項對於管理人之義務，以其所得之利益為限。反之，若本人不主張享有該利益，清償者僅得依據不當得利對債務人請求返還，亦即第三人為債務人清償債務，債務人可能取得債務因清償而消滅之利益。在此，亦應注意有無「強迫受利」之情形。

此外，亦應附帶注意所謂非債清償之類型，即清償者以為係在清償自己之債務，但實際上債務並不存在。此一情形，應由清償者對受領人請求不當得利返還（給付類型之不當得利）。此一案例類型，因無債務存在，故不存在真正債務人，情形簡單。但是若另有第三人係真正債務人，則法律上尚有爭論。例如甲童玩耍時，丟石頭致破壞第三人丙汽車門窗，但丙從家門追出時，僅見甲童背影，即誤以為是乙童，故要求乙童之父賠償並獲賠。事後確認實際係甲童所為，則此屬非債清償，乙童之父得向丙請求不當得利之返還；但是若丙不知去向，或已無資力，即生乙童之父得否向甲童之父請求不當得利之問題。對於此一問題，本書採取否定見解，但是 91 臺上 2544，在附帶說明中表示不同見解（對此，參見上揭第二章，第四節，七之說明）。

## 二 離婚父母一方扶養未成年子女後對他方之求償權

最高法院判決認為,離婚父母之一方對未成年子女履行法定扶養義務後,對他方之求償,係以不當得利為請求權依據。

㈠ 92 臺上 1699:「按父母對其未成年子女之扶養義務,係基於父母子女之身分而來。父母離婚所消滅者,乃婚姻關係,縱因離婚而使一方之親權處於一時之停止狀態,但對於父母子女間之直系血親關係毫無影響,均應依各自資力對子女負扶養義務。若均有扶養能力時,對於子女之扶養費用均應分擔。因此,父母之一方單獨扶養,自得依不當得利之規定請求他方償還代墊其應分擔之扶養費用。……被上訴人求命上訴人償還其應分擔之扶養費用,於法並非無據。」

㈡ 93 臺上 1441:「本件被上訴人以其支出之費用既屬家庭費用亦屬父母對未成年子女應負擔之扶養費,而依修正前民法第一千零二十六條、民法第一千零八十九條為主張,依上說明,二者即不免矛盾。乃原審未行使闡明權,就被上訴人所為陳述主張,究竟係本於夫妻法定財產家庭生活費用,抑或父母對子女應負擔之扶養費,令其敘明或補充之,使法律關係臻於明確,以決定上訴人應負擔之不當得利範圍。」

㈢ 95 臺上 486:「原審判決係依當事人主張之不當得利請求權,准許其有關扶養費之請求」,而最高法院除更正原審判決若干金額上之錯誤外,仍維持原審有關依不當得利請求返還之見解。

◎簡 評

本書之結論相同,認為離婚父母之一方對未成年子女履行法定扶養義務後,對他方有求償權,但適用之法律依據略有不同。

離婚父母雙方,若均有扶養能力[37],對其未成年子女之扶養,依第 1115 條第 3 項規定,應各依其經濟能力,分擔義務(參見第 1115 條第 3 項);而且如第 1116 條之 2 規定所明示,父母對於未成年子女之扶養義務,不因

---

[37] 離婚父母之一方,因負擔扶養義務而不能維持自己生活者,依第 1118 條前段,免除其義務。

結婚經撤銷或離婚而受影響。

　　第 1115 條第 3 項之規定，性質上乃可分之債❸（參見第 271 條）。若離婚父母之一方，在履行自己對未成年子女所負扶養義務之外，基於為他方履行扶養義務之意思，而對未成年子女，履行他方應負之扶養義務，得依無因管理，請求費用之償還（第 176 條第 1 項）。又即使他方有表示反對之意思，亦同（第 176 條第 2 項及第 174 條第 2 項）。

　　反之，若離婚父母之一方，認為他方無扶養能力，並未負有扶養義務，而超出自己應負擔部分，為他方支出扶養費用，則此一情形，因欠缺為他方履行扶養義務之意思，不成立無因管理，充其量僅得依不當得利，就他方於其因此而免負扶養義務之限度內，請求償還（第 179 條及第 181 條但書）❹。

# 第五節
## 法定型

　　屬於法定型之不當得利，包括添附（第 816 條）。其次，則是第 197 條第 2 項。此外，尚有第 419 條第 2 項以及第 266 條第 2 項規定。

## 一　添　附

### 例　題

　　1.甲就乙之檜木完成人像雕刻，栩栩如生，試問，何人對何人有何權利可得主張？

　　2.甲偷乙之建材，且進而依其與丙間之承攬契約，以該建材為丙修繕房

---

❸　德國通說，Staudinger/Helmut Engler, 2000, §1606 Rn 12; Andreas Roth, FamRZ 1994, 794 unter 2.2. 此外，依第 272 條規定，連帶債務之成立，須數債務人明示，或法律有規定者為限，因此第 1115 條第 3 項，不宜採我國若干學說所謂成立連帶債務之見解。

❹　Andreas Roth, FamRZ 1994, 794 unter 2.2. 此外，對於第 1115 條第 3 項，臺灣高等法院，94 家上 222，值得閱讀。

屋，而發生添附。試問，此一情形，應在何人之間請求不當得利？

3.甲偷乙之建材施用於丙房屋之上，甲與丙之間並無契約。試問，此一情形，應在何人之間請求不當得利？

 **解　說**

添附，適用第 811 條以下規定。尤其依第 816 條規定，因前 5 條之規定，喪失權利而受損害者，得依關於不當得利之規定，請求償金。

例題 1.，甲用乙之檜木完成人像雕刻，適用第 814 條但書，因加工所增之價值顯逾材料之價值，故加工物之所有權屬於加工人甲，但適用第 816 條規定，乙得就其喪失檜木所有權，依關於不當得利之規定，請求償金。此一償金，宜如同第 181 條但書規定，採取客觀價額之見解❹。

例題 2.，甲偷乙之建材，並依承攬契約，施工在丙的房屋之上，發生添附，致乙喪失建材之所有權。第 816 條規定所謂，得依不當得利之規定，請求償金，通說認為是構成要件之準用❹。因此對於本條規定之不當得利返還，仍應思考是否構成不當得利之要件，例如有無法律上之原因而受利益，致他人受損害等。亦即第 811 條以下之規定，只是為了避免資源浪費，而規定喪失所有權或共有的法律效果，而僅處理物權所有權歸屬之法律效果，並未涉及債權法上之法律效果。因此丙依第 811 條取得建材所有權，法律上並非同時表示丙不付任何代價即可終局確定獲得所有權。在此仍須個別檢討債權法上，丙取得所添附之建材之所有權，究竟有無法律上之原因。

丙與甲，雖有承攬契約關係，但依契約相對性原則，丙與甲間之契約，無從對抗第三人乙。其次，本例重點在於受讓人丙，得否主張善意受讓，致得主張其依添附取得建材所有權乃有法律上之原因，而得以對抗原所有權人乙。若丙得以善意取得，則甲將建材交付移轉予丙，或者甲直接施作而添附於丙的房屋，並無不同，丙均得以善意取得對抗乙，此時丙取得建材所有權即有法律上之原因，而不須依第 816 條規定，負給付償金之義務❹。此一情

❹　參見第四章，第一節，一，㈡。

❹　88 臺上 419；92 臺上 1540；王澤鑑，頁 292。

形，乙僅能對甲主張不當得利。相對的，若丙無從以善意取得對抗乙，乙即得請求丙返還，但是建材已添附於丙之房屋，無從返還，故依第 816 條規定，乙得對丙請求償金。

對於標的物係盜贓遺失物之情形，固然最高法院 77 臺上 2422 認為，民法第 949 條有關盜贓遺失物善意取得規定下之善意占有人乃所有權人。但是依第 949 條規定之文義，即「被害人或遺失人，自被盜或遺失之時起，二年以內，得向占有人，請求回復」，因此在第 949 條規定之二年以內，所有權人應仍係所有權人，而非善意之占有人，善意占有人仍未取得所有權❸。換言之，在此二年之內，建材所有權人得請求善意占有人回復，但系爭建材已因添附而無從請求返還，乙僅得對丙依第 816 條規定，請求償金。至於丙所生之損害，例如已對甲給付承攬契約報酬，亦僅得對其契約相對人即甲，請求賠償。

例題 3.，甲偷乙之建材，並施工於丙房屋之上，而甲與丙之間並無契約。本例涉及動產附合於不動產，發生丙取得建材所有權之結果。同上所述，第 811 條以下之規定，只是為了避免資源的浪費，而規定喪失所有權或共有的法律效果，丙依第 811 條以下取得建材所有權，但是法律上並非同時表示丙不須支付任何代價即可終局確定獲得所有權。在此，仍須個別檢討債權法上，丙取得添附建材之所有權有無法律上之原因。本例之丙，並無任何法律上之原因得以對抗乙，故乙對丙得依第 816 條規定，請求返還償金。但本例之丙，依其情形得主張第 182 條第 1 項之所受利益不存在，或主張強迫受利之抗辯。

---

❷ Larenz/Canaris, 178, 203, 212ff., 216 und 217. 此外，並參見第二章，第四節，一。

❸ 蘇永欽，《民法物權爭議問題研究》，民國 88 年初版 2 刷，頁 315–324；史尚寬，《物權法論》，民國 64 年臺北 4 版，頁 519，但並參見史著，頁 520，善意取得人除對被害人及遺失人（包括所有人）外，對其他任何人均處於已取得所有權之地位。

## 二 第 197 條第 2 項

### 例 題

甲受乙詐欺脅迫而為意思表示締結契約，並進而為給付。在民法第 197 條第 1 項規定之 2 年及 10 年時效完成後，而且民法第 93 條之 1 年及 10 年除斥期間亦經過，但不當得利返還請求權之 15 年時效尚未完成前，甲得否對乙請求返還給付？

### 解 說

依第 197 條第 1 項規定，侵權行為時效乃 2 年或 10 年。至於不當得利時效，原則上適用第 125 條規定，乃 15 年❹。目前對於第 197 條第 2 項規定之適用，有不同見解。例如遭買受人詐欺或脅迫而為意思表示締結契約，而出賣標的物之人，無論第 93 條之除斥期間或第 197 條第 1 項之消滅時效，均已經過，但在尚未滿 15 年之前，得否依第 197 條第 2 項，對買受人請求返還。

首先，構成要件準用說認為，本條項係闡釋性規定，故請求不當得利，須具備不當得利之要件，尤其是無法律上之原因，才可請求不當得利。其次，亦有法律效果準用說認為，本條項乃特別規定，因為若具備不當得利要件才可主張不當得利，根本不須民法第 197 條第 2 項另外規定，所以應認為本條項乃特別規定，不須具備不當得利之要件，即可請求。在此，主要涉及到第 179 條之「無法律上之原因」之要件。

#### 1. 非給付類型之不當得利

若是涉及非給付類型之不當得利，較無問題，因為原本即得認定受領人無法律上之原因，例如侵占他人款項，侵權行為損害賠償請求權即使已罹於時效，在不當得利返還請求權消滅時效尚未完成之前，仍因具備不當得利之要件，而得請求返還遭侵占之款項❺。但是對此一不當得利返還請求權，應

---

❹ 93 臺上 2080 及 93 臺上 1853。此外，孫森焱，上冊，頁 192，及黃立，頁 241，均無例外，僅適用第 125 條之 15 年時效。

注意其時效適用第 125 條及第 128 條規定，自請求權得行使時起算，係 15 年，即自被侵占時起算。

### 2.給付類型之不當得利

涉及給付類型之不當得利，例如受詐欺脅迫而為意思表示締約，並進而為給付，然而民法第 197 條第 1 項規定之 2 年及 10 年時效已完成，而且民法第 93 條之 1 年及 10 年除斥期間也經過，既無從行使撤銷權撤銷意思表示，或依損害賠償請求權請求回復原狀使契約消滅（第 213 條第 1 項），因此當事人間之契約關係仍存在，故相對人受利益係有法律上之原因，並不符合第 179 條之「無法律上之原因」之要件。換言之，此一情形，若採構成要件準用說之見解，因有法律上之原因存在，故被害人適用第 197 條第 2 項，不得依不當得利，請求返還。反之，若採法律效果準用說之見解，則被害人仍得依民法第 197 條第 2 項，請求不當得利之返還。

由於採取構成要件準用說之見解，將造成加害人可保有其侵權行為所取得之利益；相對的，若採法律效果準用說之見解，則可保護被害人，因此就民法第 197 條第 2 項規定之爭議，本書認為，應選擇保護被害人，而非讓加害人仍可取得並保有其因侵權行為而取得之利益❻，但是主張適用第 197 條第 2 項者，於有爭執時，仍須舉證證明其具備侵權行為損害賠償請求權之要件。但是我國學說仍有不同見解採構成要件準用說❼。

## 三 第 419 條第 2 項

第 419 條第 2 項規定，贈與撤銷後，贈與人得依關於不當得利之規定，

---

❺　95 臺上 458；95 臺上 2633。

❻　Larenz/Canaris, 595；王澤鑑，頁 294–296。

❼　黃立，頁 434；孫森焱，上冊，頁 356–357；王澤鑑，《民法學說與判例研究㈣》，頁 310。孫著，頁 357 並引用最高法院 63 年度第 2 次民庭庭推總會決議㈡之見解為依據。但是本書認為，只要被害人不知受詐欺而為給付，即難以認為係「任意給付」而不得請求返還；反而被害人已知自己受詐欺卻仍為給付，才有適用第 180 條第 3 款，而不得請求返還之結論。

請求返還贈與物。贈與契約既經贈與人依法撤銷，受贈人取得贈與標的物所有權，即無法律上之原因，故本條規定性質上僅具有闡明之意義。當然，受贈人依其情形，亦得主張所受利益不存在（第182條第1項）。

　　對於上述問題，95臺上802之原審法院認為，「上訴人於受贈上開系爭房地時，與被上訴人約定有向被上訴人報告該房地租金收入及受查核之義務，上訴人並應支付被上訴人生活上金錢之需要，該贈與乃屬附負擔之贈與。而上訴人自九十年間起即違反報告房地出租所得及供查核之義務，且未依被上訴人之需要提領款項供被上訴人支用，應認上訴人未履行贈與之負擔，被上訴人依民法第四百十二條、第四百十九條第二項規定，向上訴人撤銷贈與，並依不當得利之規定，請求上訴人將系爭房地所有權移轉登記予被上訴人，自屬有據」。最高法院本裁定以上訴不合法而駁回上訴。

## 四 第266條第2項

　　第266條規定，因不可歸責於雙方當事人之事由，致一方之給付全部不能者，他方免為對待給付之義務；如僅一部不能者，應按其比例減少對待給付。前項情形，已為全部或一部之對待給付者，得依關於不當得利之規定，請求返還。例如甲向乙購買某中古車一輛，並已支付價金一部分20萬元。在乙尚未移轉交付該中古車前，因大地震致停放於地下車庫之該輛中古車毀損。乙給付該中古車之義務，因不可歸責於乙之事由而給付不能，故適用第225條第1項，乙免給付義務。相對的，依第266條第1項，甲亦免為對待給付義務，但是甲已支付20萬元予乙。依第266條第2項規定，甲得依不當得利向乙請求返還。

　　第266條第2項規定，乃不當得利法律效果之準用，因為固然雙務契約之一方當事人因不可歸責自己之事由致給付不能，免給付義務（第225條第1項），而他方當事人亦免其對待給付義務（第266條第1項），但是雙方間之雙務契約仍然存在。換言之，上段之例，甲依第266條第2項規定，請求乙返還20萬元之時，乙仍有雙務契約作為受領之法律上原因，而非無法律上之原因。在此，若採要件準用說，要求須具備不當得利之要件，則

他方當事人不可能得以請求返還，因此第 266 條第 2 項規定，僅準用不當得利之法律效果，以使他方當事人得以請求返還已為之對待給付。

　　附帶而言，2002 年 1 月 1 日生效之德國民法第 326 條第 5 項規定，就上述情形已明定，債務人依德國民法第 275 條第 1 項至第 3 項規定不須給付者，債權人得解除契約之規定。因此若一方當事人因不可歸責之事由而不能給付，固得免給付義務，但他方當事人亦得解除契約。因此若他方當事人已為給付，即得適用解除契約回復原狀之規定請求返還。

第 **4** 章

不當得利之法律效果

不當得利之構成要件成立後，即應思考不當得利之法律效果。本章以下說明不當得利之法律效果。本章第一節首先說明不當得利返還請求權之內容，包括第 181 條所規定之客體；其次，則涉及第 182 條之返還範圍問題。至於本章第二節，則說明不當得利返還請求權之相對人，即直接適用或類推適用第 183 條規定下，不當得利返還請求權人得請求返還利益之相對人，除不當得利受領人之外，例外得對無償受讓之第三人請求返還。

# 第一節
## 不當得利返還請求權之內容

以下首先說明不當得利返還請求權之內容。

## 一 不當得利返還請求權之客體

依第 181 條前段規定，不當得利之受領人，除返還其所受之利益外，如本於該利益更有所取得者，並應返還。亦即請求之客體包括所受之利益，以及本於該利益而更有所取得之利益，均應一併返還。又依本條但書規定，但依其利益之性質或其他情形不能返還者，應償還其價額，可知不當得利不能返還者，即應償還其價額。

### (一)所受之利益及本於該利益更有所取得之利益，均應返還

 例 題

甲與乙就乙之土地締結買賣契約，並已移轉登記及交付，甲亦給付乙價金。其後，確定甲乙間買賣契約無效、不成立或意思表示被撤銷。試問，乙除得請求甲返還該土地所有權及占有外：

　　1.乙得否請求甲其間出租土地所收取之租金？

　　2.若甲其間任該土地荒廢，乙得否請求甲返還應收取而未收取之孳息？

　　3.若該土地經政府徵收，乙得否請求甲返還徵收補償金？

### 1.所受之利益
給付類型之不當得利，不當得利返還請求權人得請求返還者，乃受領

人所受之利益。所謂「所受之利益」，如同在第 179 條規定之「受利益」般，無論是財物所有權、占有、取得登記名義、取得債權或勞務、物之使用收益等均屬之。此等利益，依第 181 條前段規定，應加以返還。

2.本於所受之利益而更有所取得之利益

所受之利益外，本於該利益而更有所取得之利益，依第 181 條前段規定，亦應返還，但原則上僅限於不當得利受領人實際更有所取得利益❶。首先，取得物之所有權與（或）占有後，對受領物加以使用收益之利益❷；例如標的物係房屋或汽車之居住或使用；標的物係土地房屋，受領人加以出租而收取租金，或收取土地上之果樹之果實等。其次，取得之利益係其他權利，例如債權，而受領人本於該債權，請求債務人履行，進而受領給付者，或者受領或取得樂透彩券，該彩券中獎，得或已領取之金額，亦係所謂本於該利益更有所取得❸。此外，所謂原物之代價，例如因物毀損，對第三人取得之賠償，或保險金，或因物被徵收取得之補償金❹。

3.給付連鎖或縮短給付

相對的，亦有案例不無爭議，例如給付連鎖或縮短給付，而發生雙重瑕疵，依上所述，應在個別瑕疵法律關係間進行不當得利返還之請求。例如甲賣乙某畫，乙再賣該畫予丙，故乙指示甲，由甲直接對丙移轉並交付該畫。在此，若發生所謂雙重瑕疵之情形，則甲僅得對乙，而乙亦僅得對丙請求不當得利返還。但是關鍵問題是甲對乙之不當得利返還請求權內容如何。對此，請參見第二章，第四節，二及三之說明。

 **解　說**

例題 1.，乙得對甲依第 179 條請求租金之不當得利返還。

例題 2.，原則上，應收取而未收取之孳息，乙不得對甲依第 179 條及第

---

❶　MK/Lieb, §818 Rn 7. 依 Lieb 在此所述，例外是諸如惡意受領人等之情形。至於 81 臺上 742，則概括表示，若事實上無更有所取得者，即無返還義務。

❷　王澤鑑，頁 237。

❸　王澤鑑，頁 237；孫森焱，上冊，頁 176。

❹　王澤鑑，頁 237。孫森焱，上冊，頁 176，但亦列有出賣原物所得之價金。

181 條請求不當得利，因甲並未取得該孳息，但若甲係惡意之不當得利受領人時，乙得依第 182 條第 2 項請求應收取未收取孳息之損害賠償。

　　例題 3.，乙得對甲依第 179 條及第 181 條請求土地徵收補償金。

### ㈡價額償還之問題

 **例　題**

　　1.甲將其所有市價 5 萬元之畫借予乙觀賞，乙將該畫出售予不知情之丙，獲得價金 9 萬元，並同時交付該畫予丙。試問，甲請求乙交付畫之賣價 9 萬元之請求權依據何在？

　　2.臺電公司為架設高壓電塔，故與地主協商約定徵收之補償費，臺電公司並給付先行整地等之補償費用予地主，地主則同意臺電公司先行整地等。不料其後因徵收計畫撤銷，解除條件成就，成立不當得利。臺電公司請求地主返還先前為整地而支付之補償費，試問，地主應如何主張抗辯❺？

### 1.概　說

　　第 181 條但書規定，但依其利益之性質或其他情形不能返還者，應償還其價額。所謂依其利益之性質不能返還，乃指所受之利益屬於諸如獲得勞務之提供，或涉及物之使用收益或消費等情形，性質上無從以利益原狀返還者而言；例如誤取他人蘋果或飲料等，須返還該蘋果或飲料。但是若已進而吃掉或喝掉，即屬於第 181 條但書規定，因其他情形不能返還，應償還價額。而所謂其他情形不能返還，例如受領人雖取得物之所有權，例如汽車或房屋等之所有權，但因轉賣或毀損滅失，致不能返還。遇有不能返還利益之情形，適用第 181 條但書規定，即應償還其價額，而不問受領人對不能返還是否有故意過失❻。

　　有關價額償還，主要涉及兩個問題，首先是價額償還之計算標準，其次則是價額償還之計算時點。

### 2.償還價額之計算標準：通說採客觀說

---

❺　87 臺上 937 之案例事實。

❻　王澤鑑，頁 240。

第 181 條但書規定之應償還其價額，多數學說認為，應依客觀說定之❼。此一見解值得贊同。

61 臺上 1695 認為，「無權占有他人土地，可能獲得相當於租金之利益為社會通常之觀念，是被上訴人抗辯其占有系爭土地所得之利益，僅相當於法定租金之數額尚屬可採」。最近之 94 臺上 1094 略加更正而表示，「無權占有他人土地，可能獲得相當於租金之利益為社會通常之觀念，是請求人請求無權占有人返還占有土地所得之利益，參照本院六十一年臺上字第一六九五號判例意旨，原則上應以相當於該土地之租金額為限」。對此類案例，宜認為無權占有人係取得物之使用之利益，成立不當得利（第 179 條），但不能返還，故應償還價額（第 181 條但書），適用客觀說，以相當租金之利益計算❽，而非直接逕以「相當於租金之利益」作為不當得利受領人所取得之利益❾。

在非給付類型中之侵害型之不當得利，例如未經運動明星授權，即製造印有其肖像或姓名之商品銷售，亦侵害其肖像權或姓名權而有所取得，而不能返還此等權利之使用，故依第 181 條但書規定，應償還其價額；對此，適用客觀說，應以授權金之客觀價額償還之。此外，著作權法第 88 條、商標法第 63 條及專利法第 85 條亦有相關特別規定，故於此等規定之構成要件該當時，應優先適用之。

   3.所謂損害大於利益，以利益為準；及利益大於損害，以損害為準

(1)學說見解

我國有學說引用最高法院 61 臺上 1695 表示，不當得利法上應返還的範圍，損害大於利益時，應以利益為準，利益大於損害時，則應以損害為準❿，但是本判決乃涉及無權占有，而有「依不當得利之法則請求返還不

---

❼ 鄭玉波，頁 121；孫森焱，上冊，頁 177；王澤鑑，頁 241；MK/Lieb, §818 Rn 44; Palandt/Sprau, §818 Rn 19.

❽ 王澤鑑，頁 242。此外，參見第二章，第一節，一，㈤之說明。

❾ 參見第二章，第一節，一，㈤。

當得利，……，得請求返還之範圍，應以對方所受之利益為度，非以請求人所受損害若干為準，無權占有他人土地，可能獲得相當於租金之利益為社會通常之觀念，是被上訴人抗辯其占有系爭土地所得之利益，僅相當於法定租金之數額尚屬可採」。本判決所謂相當於「法定租金」之數額，並非妥適。其後，最高法院判決針對相同類型之案件，已更正為原則上應以相當於該土地之租金額❶。

(2)簡　評

應指出者，上述判決涉及無權占有他人土地使用收益，最高法院表示原則上應以相當於租金之利益為限，固具有客觀說之色彩，但是最高法院上述判決之見解，得否作為上述學說見解之依據，尚有疑問。舉例而言，若不當得利受領人所受之利益是物之所有權，但無法律上之原因，故應予返還，然而受領人轉賣該物予第三人，獲得價款，致不能以利益之原狀返還，適用第 181 條但書規定，應償還其價額。

受領人出賣價款可能符合客觀價額，亦可能或低或高於客觀價額。若是出賣價款等於客觀價額，並無疑問，但若二者發生差額，首先，宜留意客觀價額是否已發生變化，通常出賣之價格得認定為客觀價額之依據❷。其次，若無此等情事，當受領人出賣之價款僅 3 萬元，而客觀價額是 5 萬元，若將上述最高法院判決見解，即客觀價額，轉用至此一案例，則受領人應償還之價額乃 5 萬元，而非上述學說所稱之 3 萬元。亦即不能返還原物，應償還客觀價額 5 萬元。換言之，在所謂損害大於利益之情形，受領人無從單純以上述最高法院判決見解為依據，亦無從單純依所謂客觀價額說而得主張僅須返還 3 萬元，反而受領人須就賣價與市價之差額 2 萬元主張所受利益不存在（第 182 條第 1 項），才有可能僅就賣價負返還義務❸。

---

❿　王澤鑑，頁 246。又孫森焱，上冊，頁 177，或鄭玉波，頁 122，均未引用 61 臺上 1695，但見解同於王澤鑑。

⓫　94 臺上 1094。此外，參見 88 臺上 262；89 臺上 2452；93 臺上 599。

⓬　黃立，頁 232；Medicus, Rn 705 aE; Larenz/Canaris, 266.

⓭　Palandt/Sprau, §818 Rn 19, 37.

上述見解僅以 61 臺上 1695 為依據，似尚有疑問。

　　再者，若受領人出賣之價款為 9 萬元，且不能返還原物，適用第 181 條但書規定，應償還價額，即 5 萬元。在此，此等所謂法律行為之交易上所得，並非第 181 條前段所謂之本於該利益更有所取得利益，因為此乃經由不當得利受領人將系爭標的物轉賣第三人而獲得之價款，而非如同上述之賠償金、保險金或補償金等，係基於標的物所有權本身而有所取得❹。反而，此等轉賣之情形，受領人係成立第 181 條但書規定之其他情形不能返還，應償還價額，而通說採客觀說，故僅應償還客觀價額即 5 萬元；在此，若不加思索地適用 61 臺上 1695 所謂「應以對方所受之利益為度」❺，恐將係得請求 9 萬元返還，但是最高法院應不致於採此一見解❻。

　　至於超出客觀價額之利益，即 4 萬元，依學說見解❼，給付類型之不當得利，固僅得請求客觀價額，但即使是侵害型之不當得利，亦僅得請求第 181 條但書之客觀價額。理由是不當得利乃在調整無法律上之原因之損益變動，並非在取除受領人之得利❽，亦非在使不當得利返還請求權人獲得利益。而且修正民法第 177 條第 2 項之立法理由表示，若「明知係他人事務，而為自己之利益管理時，管理人並無『為他人管理事務之意思』，原非無因管理。然而本人依侵權行為或不當得利之規定請求損害賠償或返還利益時，其請求權之範圍卻不及於管理人因管理行為所獲致之利益；如此不啻承認管理人得保有不法管理所得之利益，顯與正義有違，宜使不法之管理準用適法無因管理之規定，使不法管理所生之利益仍屬本人享有，俾

❹　王澤鑑，頁 255；Loewenheim, 138（稱係德國通說，Fn. 47 並有詳細文獻).

❺　95 臺上 2903，有「依不當得利得請求返還之範圍，係以對方所受之利益為度，與依侵權行為請求加害人賠償其實際所受之損害額並非一致」之語。

❻　對此，參見下述。雖然如此，95 臺上 1077 所謂，「不當得利乃對於違反公平原則之財產變動，剝奪受益人所受利益，以調整其財產狀態為目的」，恐令人以為最高法院採取肯定見解。

❼　王澤鑑，頁 246。又孫森焱，上冊，頁 177，或鄭玉波，頁 122，均未引用 61 臺上 1695，但見解同於王澤鑑。

❽　不同見解，Esser/Weyers, 34, 108.

能除去經濟上誘因而減少不法管理之發生，爰增訂第二項（德國民法第六百八十四條第一項參考）」。對此，我國有學說表示肯定此一見解❶，但是應指出者，修正民法第 177 條第 2 項之立法理由所謂「德國民法第六百八十四條第一項參考」，明顯錯誤，正確條文應是德國民法第 687 條第 2 項第一句及第二句規定；至於德國民法第 684 條第 1 項第一句規定僅是相當於我國民法第 177 條第 1 項之規定而已❷。

小結：就不當得利之法律效果，通說所謂損害大於利益，以利益為準，而損害小於利益，以損害為準，結論雖可贊同，但宜注意其法律依據或理由。僅以 61 臺上 1695 為依據，並非妥適。

### 4.償還價額之計算時點

價額償還之計算時點，亦有不同見解。首先有認為，應以不當得利返還請求權之權利成立時為準❸。其次，以事實審言詞辯論終結時為準❹。此外，亦有認為應以價額償還的義務成立時為準❺。

本書認為，上述爭議，應以價額償還義務成立時之見解，較為可採。首先，第 181 條但書規定之應償還價額，並未提供具體標準時點，因此宜區分事實情形而論；若受領人受領利益之時即因其性質無從原狀返還利益者，例如受領勞務之給付，或對物加以使用之利益等之情形，應以受利益之時點亦即最早享有價額償還請求權之時點為準。再者，受有利益，例如無法律上之原因而取得物之所有權，其後才因轉賣第三人喪失所有權，致不能返還而應償還價額者，即應以價額償還義務成立時為準❻。

---

❶ 王澤鑑，頁 246–248。但不同見解認為，「如交易值偏低應以客觀值為準，如交易值偏高應以交易值為準，以避免擅自出賣他人之物。但在特殊情形下，賣價顯然高於其一般認定之價格時之利潤，是否屬於返還之範圍，頗有爭議」，參見黃立，頁 232。

❷ 立法論上，對德國民法第 687 條第 2 項規定之檢討，參見 Tobias Helms, ZEuP 2008, 150ff., 157–160 und 164.

❸ 依 MK/Lieb, §818 Rn 56 所言，此乃德國學說多數及實務見解。

❹ 黃立，頁 233 採本說，並稱此乃德國通說，但是此一說明參見前註，並不正確。

❺ 王澤鑑，頁 243；孫森焱，上冊，頁 177。

當然，若已進入訴訟程序，受領人已知無法律上之原因，於其敗訴時，應依第 182 條第 2 項規定，負較重之返還責任（類推適用第 959 條）。但是受領人知悉無法律上之原因之時點，例如遭訴請返還或償還之時點，與發生價額償還義務之時點，仍然可能不同。若採事實審言詞辯論終結時為準，可能發生價額償還義務成立後之標的物價額增加，由返還義務人負擔之結果 ㉕；此一結果，並非妥適，故不宜採事實審言詞辯論終結時為準之見解。

值得注意的是，依第 182 條第 1 項規定，若不當得利受領人不知無法律上之原因，而其所受之利益已不存在者，免負返還或償還價額之責任。換言之，即使依第 181 條，應返還利益或償還價額，但只要得以依第 182 條第 1 項主張所受利益不存在，即免負返還或償還責任，具有相當重大影響。

 **解　說**

　　例題 1.，甲得依第 177 條對乙請求 9 萬元。若甲依第 179 條及第 181 條規定請求，依據通說見解，不得請求 9 萬元，而僅得請求客觀市價 5 萬元。

　　例題 2.，係雙方當事人約定相關之補償費，但因徵收計畫撤銷，解除條件成就，成立不當得利。雖然 87 臺上 937 判決適用第 182 條第 1 項規定而認為，地主得主張因信賴該利益為應得之權益而發生損失，在返還時加以扣除，故地主因領取補償而放棄耕作致生果樹之損失，於計算利益時即得扣除之。相對的，本書認為，地主既已取得補償，即無從就放棄耕作有所主張，反而應認為臺電公司就先行使用收益之利益，係無法律上之原因，且不能原狀返還，故適用第 181 條但書，應償還其價額。至於價額計算之標準，因臺電公司與地主間就先行使用土地，已約定相關之補償費，故即使無效，亦屬客觀行情，因此地主依不當得利應返還之補償金，與臺電公司先行使用收益土地依客觀說計算之價額，原則上應屬同額，二者得互相抵銷（第 334 條第 1 項）。換言之，本件並非如本判決所言，地主有所受利益不存在之問題，反而是臺電公司有利益不能返還，應償還價額之問題 ㉖。最後，即使臺電公司得依

㉔　以上參見 MK/Lieb, §818 Rn 57–58.

㉕　MK/Lieb, §818 Rn 58.

第 182 條第 1 項規定，主張所受利益不存在，亦宜適用所謂差額說，或對本條項規定目的性限縮，使雙方尤其臺電公司不能請求地主返還系爭補償費 **㉗**。

## 二 不當得利返還請求權之範圍

本段說明第 182 條規定。本條第 1 項規定，不當得利之受領人，不知無法律上之原因，而其所受之利益已不存在者，免負返還或償還價額之責任；本條第 2 項規定，受領人於受領時，知無法律上之原因或其後知之者，應將受領時所得之利益，或知無法律上之原因時所現存之利益，附加利息，一併償還；如有損害，並應賠償。

### ㈠第 182 條第 1 項規定

第 182 條第 1 項規定，不當得利受領人，不知無法律上之原因，而所受利益已不存在者，免負返還或償還之責任。本條項之立法目的在保護善意不知無法律上之原因而受利益之受領人，即使受領人因過失而不知，亦屬不知，故得主張所受利益不存在 **㉘**。又本條項雖無明文，但對照同條第 2 項之規定可知，不當得利受領人不知無法律上之原因，係針對其「受領時」而言。

以下，首先說明受領人所受利益及本於該利益更有所取得之利益不存在之情形。其次說明受領人因受領之利益而有所支出，或遭受特定之財產損失等之情形 **㉙**。最後說明雙務契約不當得利返還之問題。

1.所受之利益或本於該利益更有所取得之利益之不存在

---

**㉖** 不同見解，王澤鑑，頁 252–253。

**㉗** 對此，參見以下有關第 182 條第 1 項之說明。

**㉘** 94 臺上 1639；王澤鑑，頁 250–251，頁 267；孫森焱，上冊，頁 178。黃立，頁 238 雖同，但引用 92 臺上 553 所謂「知之程度，僅須達可認識之程度即為已足」。本判決此一部分之說明，並非妥適。

**㉙** 此一區分，參見 Loewenheim, 145；王澤鑑，頁 254，頁 256。

## 例　題

　　1.甲贈與某畫或一筆金錢予乙，並移轉交付該畫或該筆金錢，嗣後確認贈與契約不成立，乙主張不知無法律上之原因，而已轉贈該畫或該筆金錢予第三人丙，試問，判斷乙之主張有無理由之標準何在？

　　2. 12 歲青少年丁未購買臺鐵之火車票，擅行自車站某施工處進入，搭乘某班自強號火車由臺北前往臺中，在新竹站遭查獲，且無錢補票，遭送警處理。試問，臺鐵公司就丁無票自臺北至新竹之乘車行為，對丁與（或）丁之法定代理人戊，有何權利可得主張？

　　(1)概　說

　　第 182 條第 1 項所謂所受利益不存在，首先涉及所受利益或本於該利益更有所取得之利益之不存在❸；例如例題 1.中，乙因不知，早已轉贈該畫或該筆金錢予第三人丙，無從返還。若乙得依本條項主張所受利益不存在，乙免負返還或償還之責任（第 182 條第 1 項）；反之，若乙不得主張所受利益不存在，乙仍應返還該筆金錢，或依第 181 條但書，就該畫之不能返還，償還價額。又例如例題 2.亦發生究竟丁或戊得否依第 182 條第 1 項，主張所受利益不存在之問題。

　　(2)判斷標準

　　41 臺上 637 判例以及最近之 93 臺上 1980 及 93 臺上 1956 均認為，「民法第一百八十二條第一項所謂『所受之利益已不存在』，非指所受利益之原形不存在者而言，原形雖不存在，而實際上受領人所獲財產總額之增加現尚存在，不得謂利益不存在」❸。我國學說認為，判斷受領人是否有所受利益不存在，非針對受利益之原形，而是針對受領人整體財產，比較受利益後和假設未受利益間之財產狀態，以判斷究竟是否財產總額之增加現尚存在❸；若財產總額增加仍存在，即無所受利益不存在；若財產總額

---

❸　王澤鑑，頁 255。

❸　此外，52 臺上 913；76 臺上 899 亦同。

❸　孫森焱，上冊，頁 178。此外，參見王澤鑑，頁 253；黃立，頁 233。

增加不存在,即有所受利益不存在。以 41 臺上 637 為例而言,其案例事實,是受領人係收受相對人之稻穀。最高法院認為,「除完納稅捐及正當開支外,並無不存在之理由,雖因消費其所受利益而其他財產得免消費,結果獲得財產總額之增加,其利益自視為現尚存在」。此一見解,應予肯定。

反之,假設有參加某百貨公司週年慶抽獎者,獲得美加旅遊首獎,旅遊後,百貨公司才通知係作業疏失,百貨公司得否請求不當得利返還。受領人無法律上之原因,受有美加旅遊之利益,但依其性質或其他情形不能返還,應償還價額(第 181 條但書)。但是受領人不知無法律上之原因,而且此一受領人,若非受獎,不可能支出此等費用從事美加旅遊,而僅因受告知中獎旅遊美加,則並無節省費用支出之情事,因此仍得主張所受利益不存在。反之,若此一情形仍在受領人旅遊支出之計畫範圍內,即受領人不問有無受中獎之利益,原本即會從事此等美加旅遊,則受領人因此一旅遊免於自行支出,有節省費用支出,所受利益現仍存在,故不得主張所受利益不存在。

此外,受領人對於造成所受利益不存在,究竟有無故意或過失,在所不問❸❸。又判斷所受利益是否存在,應以受返還請求時為準❸❹,而且應由主張所受利益不存在之不當得利受領人負舉證責任❸❺。

(3)金　錢

受領之利益為金錢時,有學說認為,因金錢具有高度可代替性及普遍使用性,只要移入受領人的財產,即難以識別,原則上無法判斷其不存在,但受領人若能證明確以該項金錢贈與他人時,則可主張所受利益不存在❸❻。93 臺上 1980 及 93 臺上 1956 亦均認為,「如不當得利之受領人所受利益為金錢時,因金錢具有高度可代替性及普遍使用性,祇須移入受領人之財產中,即難以識別。是原則上無法判斷其存在與否,除非受領人能明確證明

---

❸❸　王澤鑑,頁 257；Palandt/Sprau, §818 Rn 31.

❸❹　王澤鑑,頁 254；孫森焱,上冊,頁 178。

❸❺　王澤鑑,頁 254；Larenz/Canaris, 297.

❸❻　王澤鑑,頁 255–256。

確以該金錢贈與他人，始可主張該利益不存在」**❸⑦**。

　　但是應指出者，受領金錢，得否主張所受利益不存在，如上揭(1)之判斷標準所言，並非以具體所取得者之不存在或減少為準，關鍵在於是否因有所取得金錢而生之購買力之提高，因支出而毫無代替地消耗掉，即支出後在債務人財產並無可請求返還之等價物或權利，而且債務人其他財產之支出並未有所節省**❸⑧**。若受領人有節省支出或取得其他財物，得認為所受利益仍然存在，不得主張所受利益不存在。因此金錢之利益，是否得主張所受利益不存在，並非如上段學說或最高法院二判決所言，「除非受領人能明確證明確以金錢贈與他人，始可主張該利益不存在」。即使受領人明確證明確以金錢贈與他人，但只要是受領人原本已計畫贈與或已負義務履行贈與等情形，受領人以所受之金錢為贈與或履行贈與義務，即有所節省支出，故所受利益仍然存在，無從解為所受利益不存在。清償債務之情形，亦同，例如不當得利受領人受領金錢後，若用以清償對他人之債務，則因債務已清償，不須以自己金錢清償，有節省支出，故其所受利益仍然存在，不得主張免返還責任；又即使受領人未受領此筆金錢時，即無意清償該一債務，亦同，因為既已清償債務，實際上所受之金額之利益仍然存在**❸⑨**。反之，若受領人受領金錢，而不知自己無法律上之原因而受利益，致原本不可能從事之支出，例如環遊世界、捐贈慈善團體等，則受領人因受領該金錢而支出，即得主張所受利益不存在。

　　(4)知或不知無法律上之原因涉及未成年人時

　　德國實務之著名案例，是 17 歲青少年未購機票，卻混入人群而搭乘尚有空位之班機，自漢堡飛往紐約**❹⓪**，此一搭機出國之行為，受有航空公司運送、勞務等之利益，故受有利益，雖不能原狀返還，但應償還價額（第

---

**❸⑦**　最高法院相似見解，參見 52 臺上 913 及 76 臺上 899。此外，贊同 93 臺上 1956
　　之見解，有黃立，頁 233。

**❸⑧**　Esser/Weyers, S. 110f.; Medicus, Rn 680; Birks, 190.

**❸⑨**　Medicus, Rn 680.

**❹⓪**　BGHZ 55, 128; 王澤鑑，頁 236，註 4。

181 條但書）；而且此一青少年係明知而為。但因其係青少年，法律上主張不知無法律上之原因，究竟應以該青少年為準，抑或以其法定代理人為準，不無疑問；而且是否有所受利益不存在，亦須檢討。德國聯邦最高法院在本判決最後是適用侵權行為識別能力之規定，而認為本件之青少年應負支付該航程機票之金額❹；但是學說通說反對此一理由，學說表示上述見解並不正確，因為即使該青少年在未告知法定代理人下，先行向航空公司購票，並搭機前往紐約，只要法定代理人不知，法定代理人仍得適用行為能力之規定（如我國民法之第 77 條及第 79 條），事後拒絕承認，致無法律上之原因，故航空公司仍須退還機票價款❷。再者，青少年雖受有搭機之利益，但因青少年原本即不可能有此等奢華支出，乃所受利益不存在❸，航空公司亦仍須退還票款❹。此外，學說亦批評，本判決以侵權行為之價值判斷適用於本案，亦有疑問，因為即使本件係侵害型之不當得利，且即使本件之青少年成立侵權行為❺，但是只要涉及不當得利之法律問題，仍應依民法行為能力之相關規定判斷之，因為不當得利根本不以請求權人受有損害為要件，不宜等同二者；又本判決雖稱，未成年人依行為能力規定加以保護，應以侵權行為作為界限，但是學說亦批評此一說明缺乏依據，因為侵權行為目的係損害賠償，而不當得利係利益返還，二者功能不同，毫無關係❻。因此，即使是非給付類型，例如侵害型之不當得利，涉及未成年人，仍應以未成年人之保護優先，不須顧及侵權行為之規定或原則❼。當然，此一未成年人是否成立侵權行為，以及其法定代理人應否與該未成

---

❹ BGHZ 55, 128; 參見 Larenz/Canaris, 312 之轉述。又黃立，頁 239 表示贊同此一見解。

❷ Larenz/Canaris, 312; 王澤鑑，頁 269。

❸ Loewenheim, 148–149; 並參見 MK/Lieb, §819 Rn 7; §812 Rn 359 und 362.

❹ Larenz/Canaris, 312.

❺ Larenz/Canaris, 312 及 260 認為，本件之航空公司根本未受損害。但此一見解，尚有疑問。

❻ MK/Lieb, §819 Rn 7; Larenz/Canaris, 312.

❼ 王澤鑑，頁 269，亦質疑不當得利應類推適用侵權行為關於識別能力規定之見解。

年人連帶負損害賠償責任，應適用第 187 條第 1 項規定判斷之。

其次，涉及給付類型不當得利，例如限制行為能力人甲向乙購買電動遊戲機，並支付價款。甲締約之意思表示，若未經法定代理人事先同意與事後承認（第 77 條及第 79 條），則雙方買賣契約確定不生效力；物權行為部分，遊戲機所有權之讓與合意及交付（第 761 條第 1 項），對甲而言，乃純獲法律上利益，不須法定代理人之同意（第 77 條但書）；至於甲給付予乙之價金，則是效力未定（第 77 條及第 79 條），乙未取得價金所有權。但是乙取得甲支付之金錢可能發生與自己金錢混合，而不能區別，此一情形，原則上仍應適用第 813 條，動產和動產混合，並準用第 812 條；若乙將所收金錢放入營業用之收銀箱，得認為甲支付之金錢，適用本條第 2 項，歸乙所有 ❹ 。限制行為能力人甲取得標的物之所有權，在經法定代理人承認之前，即已因疏忽而遊戲機遺失或遭竊，其後法定代理人知悉，才表示反對該買賣契約，通說認為，應依法定代理人的知悉無法律上之原因為準 ❹ ；德國法見解之法律依據是類推適用有關行為能力之規定 ❺ ，理由是，在此若僅因限制行為能力人甲之知悉，即解為知悉無法律上之原因，不得主張所受利益不存在，即無異要求其承擔法律行為之後果，而與民法行為能力規定目的在保護未成年人之意旨相違 ❺ 。故甲喪失遊戲機時，法定代理人仍是不知無法律上之原因，而且財產總額之增加，亦不存在，故得主張所受利益不存在。換言之，與未成年人交易之相對人，如本例之乙，基於民法優先保護未成年人之原則，應承擔與未成年人交易之不利後果。相反的，若是甲之法定代理人知悉之後，表示反對，命甲攜遊戲機前往乙店退貨還錢，途中該遊戲機才遺失或遭竊，則甲之法定代理人已知悉無法律上之原因，不能主張所受利益不存在。

小結：綜上所述，涉及限制行為能力人時，不論是給付類型或非給付

---

❹　史尚寬，《物權法論》，民國 64 年臺北 4 版，頁 133。

❹　王澤鑑，頁 268，頁 269；黃立，頁 239；MK/Lieb, §819 Rn 7; Larenz/Canaris, 312.

❺　Larenz/Canaris, 312（並表示此係通說見解）.

❺　Larenz/Canaris, 312.

類型尤其侵害型之不當得利，就不知或知無法律上之原因，均應以法定代理人之知悉與否判斷。此外，無行為能力人應以法定代理人之知悉與否判斷之❺❷。

 **解 說**

例題 1.之判斷標準在於，不當得利受領人乙是否已計畫贈與或已負義務履行贈與，若是肯定，則受領人乙以所受領之畫或金錢為贈與或履行贈與義務，即有所節省支出，故所受利益仍然存在，無從解為所受利益不存在。反之，若受領人乙不知自己無法律上之原因而受領畫或金錢，其後再轉贈第三人時，因乙未因而節省費用支出，故得主張第 182 條第 1 項之所受利益不存在。

例題 2.，丁是限制行為能力人，依本書見解，不論是給付類型或非給付類型尤其侵害型之不當得利，就不知或知無法律上之原因，均應以法定代理人戊之知悉與否判斷。本例題得認為丁之法定代理人戊不知，且丁所受之運送利益已不存在，故丁得依第 182 條第 1 項主張所受利益不存在，臺鐵對丁及戊無從依第 179 條及第 181 條請求不當得利返還。但是丁未購票搭乘臺鐵火車，致臺鐵受有損害，臺鐵得依第 187 條第 1 項，對丁及戊請求臺北至新竹票價之損害賠償。

**2.受領人因受領之利益而有所支出或遭受特定之財產損失**

 **例 題**

甲向乙購買小狗一隻，並已移轉交付，其後確認買賣契約無效，乙請求甲返還該小狗時，甲得否對乙主張扣除其間小狗之飼養費及醫療費等、小狗咬壞甲地毯及為取得小狗所支出之費用等❺❸？

**(1)判斷標準**

對於得否主張扣除之判斷標準，首先有認為應以受領人之支出或損失與無法律上之原因之受利益有無因果關係加以判斷❺❹。但一般認為此一標

---

❺❷　MK/Lieb, §819 Rn 7.

❺❸　Leowenheim, 150f.

準過於廣泛，故不少學說主張，限於正是因信賴該利益為應得之權益而發生之支出或損失，始得在返還請求時加以扣除❺❺。在此，因第 182 條第 1 項之立法理由在保護不當得利受領人善意信賴其受利益有法律上之原因❺❻，故本說表示，受領人善意信賴下之支出或損失，始得主張扣除，初步值得贊同；此外，亦有學說批評後一見解，過於簡化，故對個案之判斷未能充分說明，而有待補充並具體化，但仍承認其得作為判斷之初步依據者❺❼。

⑵得扣除之財產支出或損失

首先，受領人得主張扣除者，包括為取得該利益所支出之費用，即契約費用，例如過戶或登記費用，運費、關稅，加值稅、仲介費等❺❽。

其次，就所受利益所支出之費用，例如就案例中之小狗所支出之飼養費或醫療費，有認為，須區分必要或有益費用，且後者須在現存之增加價額限度內始得主張扣除❺❾，但是對此宜認為費用即使無增加價值，例如就案例中之小狗餵養較貴飼料，或上較貴之動物醫院之費用，因係信賴取得小狗有法律上之原因之支出，亦得扣除之❻⓿。

再者，例如他人為非債清償，致受領人受領清償後，因信賴受領利益有法律上之原因，而拋棄擔保、將債權證書毀棄、對真正債務人之請求權已罹於時效或真正債務人已支付不能或破產，受領人均得在其受損失之限度內，主張第 182 條第 1 項所受利益不存在❻❶。

---

❺❹ 此乃德國實務自帝國法院判決時代起迄至聯邦最高法院 BGH NJW 1981 277 (278) 止之見解（參見 Leowenheim, 151 Fn. 108）；鄭玉波，頁 123。

❺❺ Esser/Weyers, 111; Loewenheim, 152 mit Fn. 114; 王澤鑑，頁 257；黃立，頁 235。此外，孫森焱，上冊，頁 179 及頁 180，一方面有「因果關係」，另一方面亦有「受領人信賴」之語。

❺❻ Larenz/Canaris, 296 bei Fn. 4 und 297.

❺❼ MK/Lieb, §818 Rn 76. 又 Loewenheim, 152 亦有本說乃正確出發點之語。

❺❽ Larenz/Canaris, 298; 王澤鑑，頁 257。

❺❾ 孫森焱，上冊，頁 186。

❻⓿ Larenz/Canaris, 298–299; MK/Lieb, §818 Rn 84; 王澤鑑，頁 257。

又學說認為，受領人因信賴取得利益有法律上之原因，而未為有益之交易行為，亦得主張扣除 **❻❷**；或者因而將自己財產給與他人，亦得主張扣除 **❻❸**。

⑶不得主張扣除者

首先，對於取得利益之對待給付即對價而言，就給付類型之不當得利，若涉及雙務契約，並非應否在此加以扣除之問題，而是應依以下 3.雙務契約之不當得利返還之原則加以處理。至於非給付類型之不當得利，一般認為受領人向第三人支出之費用，不得對不當得利返還請求權人主張扣除 **❻❹**。例如甲之物遭乙偷竊，乙出賣予第三人丙，並移轉交付，且支付對價。若甲依第 949 條，請求或訴請丙返還時，原則上丙不得對甲主張扣除丙自己對出賣人乙所支付之對價；例外，符合第 950 條規定時，甲非經償還丙支出之價金，不得回復其物。

其次，學說亦認為，諸如不當得利之返還費用，應由債務人負擔（第 317 條），不得扣除 **❻❺**。

此外，如案例中小狗咬壞地毯部分，無論取得小狗有無法律上之原因，小狗仍可能咬壞地毯，因此取得小狗與咬壞地毯，雖有因果關係，但與信賴取得小狗有法律上之原因無關，故不得主張扣除 **❻❻**。

最後，受領之小狗有狂犬病，致受領人其他原本正常之犬隻亦染病，亦同，因為此與受領人信賴取得小狗有法律上之原因，實際卻是無法律上原因，並無關聯，但受領人依其情形，得主張侵權行為之損害賠償 **❻❼**。

---

**❻❶** Larenz/Canaris, 299. 值得注意者，王澤鑑，頁 258；鄭玉波，頁 124–125；孫森焱，上冊，頁 180，就誤償他人債務，結論相同，但均表示，其方法係由受領人保留受領之給付，而以其對真正債務人之債權讓與予不當得利返還請求權人。

**❻❷** Larenz/Canaris, 299; MK/Lieb, §818 Rn 87.

**❻❸** 王澤鑑，頁 257–258；孫森焱，上冊，頁 179（並有再進一步之區分）。

**❻❹** MK/Lieb, §818 Rn 81 bei Fn. 198; 王澤鑑，頁 258。

**❻❺** 孫森焱，上冊，頁 182；王澤鑑，頁 258，結論相同。

**❻❻** 王澤鑑，頁 258。

**❻❼** Larenz/Canaris, 300; 王澤鑑，頁 258–259。不同見解，孫森焱，上冊，頁 180。

## 解　說

例題中之甲，依上所述，得對乙主張扣除其間小狗之飼養費及醫療費等。又甲取得小狗與小狗咬壞甲地毯，雖有因果關係，但與甲信賴取得小狗有法律上之原因無關，故甲不得主張扣除。至於甲為取得小狗所支出之相關費用，得主張扣除。

### 3.雙務契約之不當得利返還問題

## 例　題

年僅 18 歲之甲向乙之機車行購買機車乙輛，乙移轉交付機車予甲，甲亦付清價金 3 萬元。

1.甲是否取得機車之所有權？

2.若甲取得機車返家途中，遭逢車禍，機車全毀。甲之父親知悉後，拒絕承認，並請求乙返還甲所付之價金。試問，甲之父親之主張，有無理由？

3.若甲之父親拒絕承認甲之契約後，命甲前往乙處返還機車並請求返還車款，但甲在前往乙店途中為購買飲料將機車停放在便利商店門口致機車遭竊。試問，甲之父親是否仍得請求乙返還價金 3 萬元？

4.若甲在父親拒絕承認後，騎乘該車返回乙處請求還車退款途中，因該機車之煞車零件瑕疵，致發生車禍，該機車毀損滅失時。試問，甲之父親是否仍得主張乙應返還價金 3 萬元？

⑴問題根源

雙務契約之不當得利返還問題乃不當得利法上最具爭議者❻❽。德國民法第 818 條第 3 項乃第 182 條第 1 項立法時所參考之規定，但是德國學說指出，德國民法本條項之規定係一系列錯誤之結果，首先，羅馬法僅承認未成年人及受贈人得主張所受利益不存在；其次，普通法時代之不當得利返還請求權係針對單方無法律上之原因而受給付，但是德國民法起草者予

---

❻❽　陳自強，〈雙務契約不當得利返還之請求〉，《政大法學評論》，第 54 期，頁 205 以下，頁 207 註 7 處，頁 208。

以一般化，而未思考到本條項規定適用雙務契約之後果，例如買賣契約無效、不成立或意思表示被撤銷等，而買受人所受領之標的物已毀損、滅失或返還不能，且買受人因不知無法律上之原因，故得主張所受利益不存在時，買受人得請求出賣人返還價金，但出賣人卻無從請求返還標的物。換言之，德國民法本條項之規定正與危險負擔規定之一般原則相對立，致標的物在買受人占有中發生毀損滅失或其他不能返還之問題時，原本應由買受人自行承擔者，竟因此改由出賣人負擔危險❻❾。

(2)問題解決方法

上述情形，例如甲與乙締結中古車買賣契約，雙方銀貨兩訖，其後，買受人乙發生車禍，該車全毀，此時才發現雙方買賣契約不成立。本例之出賣人甲就其受領之買賣價金，極有可能無法主張所受利益不存在。相對的，買受人乙就其受領標的物汽車，若得對肇事第三人請求損害賠償或得向保險公司請求保險金，適用第181條規定，得返還該請求權或賠償金予出賣人。即使買受人不能返還汽車，亦須適用第181條但書規定，償還價額。此時，採取傳統之買賣雙方個別享有獨立之不當得利返還請求權，尚無疑問。但是若買受人就汽車之全毀，並未對任何第三人或保險公司取得損害賠償或保險金，或其請求權等，而且因買受人受領汽車，不知無法律上之原因，得依第182條第1項，主張所受利益不存在；此時，若仍採上述雙方個別享有獨立之不當得利返還請求權，將會發生不公平之結果，即買受人乙得請求出賣人甲返還買賣價金，而出賣人甲請求買受人乙返還買賣標的物汽車時，買受人乙得主張所受利益不存在。

為了解決上述不公平現象，德國實務在德國民法施行後不久即適用所謂差額說的見解，亦即將雙方當事人個別享有之不當得利請求權當成一個，

---

❻❾ Honsell, MDR 1970, 717 und 718 Fn. 22. 正文所謂危險負擔規定之一般原則，依 Honsell 所述，係指德國民法第446條（買賣）及第323條第1項（給付不能）。此外，對德國立法者未思考雙務契約之不當得利返還下即制訂德國民法第818條第3項，參見陳自強，〈雙務契約不當得利返還之請求〉，《政大法學評論》，第54期，頁205以下，頁229註99，頁231。

而當事人僅得請求其差額，例如上述中古車之例，假設其市價即客觀價額，是 10 萬元，而雙方約定之價金，其金額依具體情事可能會有 9 萬元、10 萬元或 11 萬元。首先，假設雙方約定之價金是 9 萬元，亦即乙支付 9 萬元價金，取得價值 10 萬元之中古車，因差額為負，故乙不能返還該車之不當得利時，亦不能對甲請求任何價金之返還。其次，假設雙方約定之價金是 10 萬元，因與該車價額相當，故相互之間沒有差額存在，乙不能返還受領之中古車時，乙亦不能對甲請求返還價金 10 萬元。再者，假設雙方約定之價金是 11 萬元，由於客觀價額是 10 萬元，因此乙不能返還受領之中古車時，乙僅能對甲請求返還價金 11 萬元超過標的物客觀價額 10 萬元之差額，即乙對甲僅能請求 1 萬元之返還❼⓿。

⑶差額說之缺失

差額說飽受批評。不當得利之得利，德國過去流行以受領人總體財產，比較受利益後和假設未受利益間之財產狀態，以判斷究竟是否財產總額之增加現尚存在，並認為其差額，即為受領人所受之利益。但是目前德國學說已認為，不當得利受領人所受之利益，乃其原始基於給付行為或給付行為以外其他方式所取得之利益本身，即為不當得利之客體。受領人應返還其無法律上之原因所取得之利益，乃原則（第 179 條）；不能返還，亦須償還價額（第 181 條但書）。雖然受領人不知無法律上之原因，依其情形得依法主張所受利益不存在，以保護其利益，但是受領人須負舉證責任，而且屬必須檢驗及具備理由之例外情況。因此不當得利法並非僅是所謂公平或衡平責任，而是調整無法律上之原因之財產損益變動之獨立制度；同時，不當得利法之理解，亦不再是不知無法律上之原因而受利益之受領人利益之保護，而是強調不當得利返還請求權人之利益保護❼❶。依據此一見解，差額說所謂將雙方個別享有之不當得利請求權當成一個，且當事人僅得請求其差額，實際並未以受領人所取得之利益為出發點，卻逕以雙方利益之

---

❼⓿　以上說明，參見 Loewenheim, 155（指出最早的判決是 RGZ 54, 137）.

❼❶　MK/Lieb, §818 Rn 62–66. 並參見陳自強，〈雙務契約不當得利返還之請求〉，《政大法學評論》，第 54 期，頁 205 以下，頁 238。

差額作為一方所受之利益，並不妥適 ⓐ，亦不符民法之規定（第 179 條）ⓑ。此外，差額說亦過度狹隘，無法適當解決例如出賣人在未受領買賣價金之前，先對買受人移轉交付標的物汽車，並且汽車毀損滅失不能返還後，才確認契約無效或不成立等，如何進行不當得利返還之問題，因為此時，買受人所受利益不存在，整體財產並無正數之差額，適用差額說無從提供出賣人任何請求償還價額之可能ⓒ。

(4)目的性限縮第 182 條第 1 項

首先，應強調者，僅當涉及雙務契約不當得利之返還，而有一方不能返還受領標的物，且因其不知無法律上之原因，而得主張所受利益不存在時，因他方仍須返還受領之給付，對他方並不公平，才須考慮限制第 182 條第 1 項之適用。其他情形，仍應適用雙方個別享有獨立之不當得利返還請求權之見解，例如雙方所受利益均仍存在，或者不當得利受領人係知無法律上之原因，致無從主張所受利益不存在，均不涉及第 182 條第 1 項之適用。

A. 限縮之依據及標準

上述雙務契約之特殊情形，方法上應採目的性限縮第 182 條第 1 項規定，或許已無爭論ⓓ。目前尚有爭議者，在於限縮之依據及標準。首先，有認為應以第 953 條為依據，而且僅當不當得利受領人對受領物之毀損滅失不具備具體輕過失時，始得主張所受利益不存在，反之，若有具體輕過失，即不得主張所受利益不存在；而且此一見解亦應類推適用於契約解除之價額償還義務ⓔ。其次，亦有認為，基於第 182 條第 1 項的規範目的，

ⓐ　Larenz/Canaris, 322; MK/Lieb, §818 Rn 116.

ⓑ　對此，參見 93 臺上 910 之不當說明；此外，並參見第四章，第一節，二，(一)，4.。

ⓒ　MK/Lieb, §818 Rn 117.

ⓓ　MK/Lieb, §818 Rn 136; 陳自強，〈雙務契約不當得利返還之請求〉，《政大法學評論》，第 54 期，頁 205 以下，頁 245；又王澤鑑，頁 263 提及 Canaris 表示對德國民法第 818 條第 3 項應以目的性限縮。

ⓔ　陳自強，〈雙務契約不當得利返還之請求〉，《政大法學評論》，第 54 期，頁 205 以下，頁 245–247。

雙務契約的給付牽連關係，並顧及雙務契約解除時應返還價額規定（第259條第6款），此項危險分配應不以受領人具有故意或過失為必要，所（受）領給付的滅失縱出於意外，亦應由受領人承擔其危險，不得主張所受利益不存在❼。換言之，受領人就不能返還利益，仍應適用第181條但書規定，償還其價額。

　　B.本書見解

　　本書贊同後一見解。解除契約時，應返還之物有毀損、滅失或因其他事由，致不能返還者，應償還其價額（第259條第6款），正是有關雙務契約之規定，而且遠比不當得利未顧及雙務契約性質之規定更為妥適，因此此一問題並非不當得利此一解決方案得類推適用至解除契約之法律效果，而是相反，解除契約之法律效果應當類推適用至不當得利此一問題。

　　其次，第953條規定，適用前提是雙方當事人處於所有權人與占有人之關係。但是涉及雙務契約之不當得利返還，可能是債之關係無效等，而物權行為有效，但亦可能債之關係及物權行為均無效等，但是為何前者，即不當得利受領人取得物之所有權時，僅適用雙務契約之不當得利返還原則，而後者，即不當得利受領人未取得物之所有權時，反而得享有優惠，僅當善意占有人，因可歸責於自己之事由，致占有物滅失或毀損，才須對於回復請求人，僅以因滅失或毀損所受之利益為限，負賠償之責，不易理解。再者，第953條規定，性質上似未斟酌雙務契約之關係作成規定，而僅考慮所有權人與占有人之關係，故宜否類推適用至雙務契約之回復原狀或不當得利返還關係，亦有待斟酌。因此與其類推適用第953條至雙務契約不當得利之返還或甚至雙務契約解除之回復原狀規定，不如限縮第953條規定，而將雙務契約解除之回復原狀之規定類推適用至雙務契約不當得利之返還問題。

　　亦即針對價額償還問題，比較解除契約與不當得利之法律效果，民法對前者之規定，當屬較為符合公平原則；德國學說亦認為解釋論上，適用不當得利之規定，應儘量使其法律效果趨近於解除契約之法律效果❼❽。除

---

❼　王澤鑑，頁265。

非標的物之毀損、滅失，或不能返還，係由於諸如標的物有瑕疵等應由出賣人負責之事由所致，否則標的物既已在買受人占有中，依據第 373 條有關危險負擔所規定之原則，即應由占有標的物之買受人承擔標的物毀損、滅失，或不能返還之危險；而且依據第 259 條第 6 款規定，在出賣人或買受人解除契約時，標的物毀損、滅失，或不能返還，買受人應償還其價額；而且本條之適用不須考慮受領人就標的物毀損滅失等，有無可歸責事由。在此，依第 262 條前段規定，僅當標的物受領人係解除權人時，因其有可歸責事由，致其所受領之物有毀損、滅失或其他情形不能返還者，解除權消滅；反之，標的物受領人不可歸責，仍應償還價額。此外，立法例上，法國民法及義大利民法亦均規定，僅當標的物毀損、滅失或不能返還係由於物之瑕疵所致，否則標的物意外毀損、滅失或不能返還，解除權即喪失，亦即買受人應承擔其危險，但是買受人仍得請求減少價金[79]。

雖然不同見解批評，契約有效時，危險分配之規則，未必無條件得適用於契約不生效力之情形。更有甚者，當事人間之利害關係，與回復原狀關係，縱不可謂有天壤之別，亦有本質上之差異[80]。但是應指出者，契約有效或契約解除，得適用上述危險負擔規定，已如上述。相對的，在此之不當得利受領人實際亦係不知無法律上之原因，而於受領物毀損滅失之後，才發現或確認無法律上之原因。換言之，是否有法律上之原因，與受領標的物之毀損滅失，實際並無關係，故在此得如同契約有效般，類推適用上述危險負擔規定，由買受人自行承擔其損失[81]。批評者 Canaris 謂，在雙務

---

[78] Esser/Weyers, 115 unter §51 II 3 c); II/1, 47 unter §5 III 1 b) aE; MK/Lieb, §818 Rn 131.

[79] 引自 Honsell, JZ 2001, 281 bei Fn. 25; ders., MDR 1970, 719 unter III 1 a). 又 Honsell 前一文章對德國民法債編修正後之有關解除契約之法律效果規定，仍多所批評。

[80] 陳自強，〈雙務契約不當得利返還之請求〉，《政大法學評論》，第 54 期，頁 205 以下，頁 241 註 167 處，註 168 處，頁 244 註 181 處，分別引用 Canaris 及 Beuthien/Weber 著作所作之批評。

[81] Honsell, MDR 1970, 718 Text nach Fn. 22 認為，舊德國民法有關買賣危險負擔

契約，善意受領人（如買受人）除信賴其得終局保有所受領之利益（買賣標的物）外，其信賴亦包括自己須提出對待給付（價金），即惟有知悉自己之對待給付亦將終局喪失之下，方有正當理由任意處置其受領之物，基於此種信賴而處置其物，其毀損滅失之危險應自行承擔[82]。但是 Canaris 此一說明，依本書所見，其實只是危險負擔之不同表述方式；更重要的是，在此如依 Canaris 所言，則實際頗難再依買受人之可或不可歸責致受領物毀損滅失等區分其法律效果，而是無論買受人有無可歸責事由，均應由其承擔受領物毀損滅失等之危險。

附帶而言，受領人因受詐欺而締結契約，並進而給付價金，但是受領之標的物已毀損、滅失或不能返還，其後發現受詐欺並撤銷意思表示時，雖有認為，受領人係因相對人之詐欺而占有標的物，故無須對其毀損、滅失或不能返還負責，但是詐欺本身與物之毀損、滅失或不能返還，並無因果關係，因此宜認為，僅當標的物毀損、滅失或不能返還係由於該物之瑕疵所致，否則買受人對於標的物之不當得利返還義務，仍應目的性限縮第 182 條第 1 項之適用，而須依第 181 條但書規定，償還其價額[83]。

再者，一方先給付標的物，而他方尚未給付價金，但契約係無效、不成立或被撤銷，而標的物已毀損、滅失或不能返還，亦同，應由受領人承擔不能返還之結果，受領人不得主張所受利益不存在，仍應依第 181 條但書，償還其價額，因為出賣人僅須承擔買受人未能支付對價之風險，難以擴張認為出賣人亦應承擔標的物毀損、滅失或不能返還之危險，故契約無效等情形，標的物之買受人雖尚未給付價金，仍應承擔標的物毀損、滅失或因其他情形不能返還之結果，亦即應依第 181 條但書規定，償還其價額[84]。

---

規定之適用，並未限於買賣契約有效。

[82]　Canaris 見解之敘述，參見陳自強，〈雙務契約不當得利返還之請求〉，《政大法學評論》，第 54 期，頁 205 以下，頁 245，或王澤鑑，頁 263。

[83]　王澤鑑，頁 266。

[84]　MK/Lieb, §818 Rn 117 und 128; 王澤鑑，頁 266；孫森焱，上冊，頁 182；陳自

**解 說**

例題 1.，甲取得機車所有權，因涉及機車所有權移轉之物權行為，性質上甲係第 77 條之純獲法律上利益，故不須得法定代理人允許，得自行有效為之。

例題 2.，限制行為能力人甲取得機車之所有權，在經法定代理人承認之前，即因車禍而機車全毀，其後法定代理人知悉，表示拒絕承認該買賣契約，通說認為，應依法定代理人的知悉無法律上之原因為準，故甲之法定代理人仍得請求返還價金，且主張所受利益機車已不存在。換言之，與未成年人甲交易之相對人乙，應自行承擔風險，亦即民法對未成年人之保護重於相對人信賴和交易安全。

例題 3.，未成年人甲向乙經營之機車行以 3 萬元購買一輛機車後，若是甲之法定代理人先拒絕承認買賣契約，命甲退還該機車予乙，及請求退還車款，而發生甲在途中進入便利商店購買飲料，致機車遭竊之情事，則因甲之法定代理人已知甲乙間之交易，且拒絕承認契約，故宜認為甲及甲之法定代理人應承擔該車失竊之風險，甲及甲之法定代理人不得主張所受利益不存在，應依第 181 條但書，償還機車之價額，並與相對人返還價款之不當得利請求權，得類推適用同時履行抗辯之規定❽❺。

例題 4.，因機車毀損滅失係因機車煞車零件瑕疵發生車禍所致，故不應由甲承擔風險，反而應由乙承擔機車毀損滅失之結果，因此甲仍得對乙請求返還機車價款，而乙不得依第 181 條但書對甲請求返還機車之價額。

4.最高法院有意適用第 113 條及第 114 條而限制第 182 條第 1 項之適用？

93 臺上 910❽❻，涉及前土地法第 30 條有效時，私有農地所有權之受讓

---

強，〈雙務契約不當得利返還之請求〉，《政大法學評論》，第 54 期，頁 205 以下，頁 240。

❽❺ 參見 89 臺上 594。

❽❻ 對本判決，參見王澤鑑，〈雙務契約無效與不當得利〉，《臺灣本土法學雜誌》，第 71 期，頁 21–31，頁 27 以下。

人是否因無自耕能力而無效之情形。本判決認為,「按民法第一百十三條規定:無效法律行為之當事人,於行為當時,知其無效或可得而知者,應負回復原狀或損害賠償之責任。其目的在求當事人間之公平合理,以免他方當事人因此受有不利益。查杜○○向上訴人購買系爭農地,並已受給付,因杜○○不符承受後能自耕之要件,系爭買賣契約為無效,為原審認定之事實。果係如此,則杜○○負有回復原狀之義務,嗣因系爭農地經政府徵收致不能回復原狀,杜○○自應負損害賠償義務」。

## ◎簡　評

　　杜○○是否明知或可得而知無效,未經認定,宜認為杜○○僅依民法第 179 條規定,負不當得利返還義務,而不適用民法第 113 條規定;基於同理,杜○○亦不負本條規定之損害賠償義務。其次,本判決認為,「按買賣契約為雙務契約,雙方之給付,依其經濟上之交換目的構成一整體,是以買賣契約縱然無效,倘當事人雙方事實上均已履行,則給付與對待給付仍應一併觀察計算。若買受人所支付之價金與出賣人所交付物品之價額相當,自難謂買受人受領買賣標的物獲有不當得利」。最高法院本判決此一見解,無疑將學說對雙務契約不當得利返還,依所謂差額說限制適用民法第182 條第 1 項規定之說明 ❽,作為有關不當得利之有所取得利益之要件說明,但是,買賣契約無效,買受人受領標的物,即構成民法第 179 條規定之不當得利,並非如最高法院本判決所言,不構成不當得利 ❾。再者,學說係因當事人一方受領之給付物毀損、滅失等無從返還,且得依民法第 182條第 1 項規定,主張所受利益不存在,無須返還或償還,卻又得請求他方返還給付,致生不公平,故主張應限制民法第 182 條第 1 項規定之適用,但是本判決標的物土地被政府徵收取得補償金,學說認為此係「原物的代償」,適用民法第 181 條規定,應予返還 ❾,並不生是否應當限制民法第 182

---

❽　最高法院本判決在正文引用之文字,極類似王澤鑑,頁 261,在差額說標題下之說明。

❾　對此,參見王澤鑑,〈雙務契約無效與不當得利〉,《臺灣本土法學雜誌》,第 71期,頁 21–31。

條第 1 項規定適用之問題 **⑨**。

此外依據最高法院 95 臺上 734、93 臺上 1319、93 臺上 910、91 臺上 2332 及 91 臺上 475 等可知，最高法院仍然有意維持民法第 113 條或民法第 114 條第 2 項準用同法第 113 條規定之適用 **⑨**。但是最高法院歷來之判決並未明示此等規定之回復原狀與損害賠償之內容 **⑨**，尤其是此一規定與民法不當得利規定之關係究竟如何 **⑨**。期望最高法院適用第 113 條或第 114 條第 2 項規定準用同法第 113 條規定時，宜澄清此等規定與第 179 條之不當得利返還請求權之關係究竟如何。因為適用第 113 條或第 114 條第 2 項準用第 113 條規定，須明知或可得而知，此一要件勢必修正第 182 條第 1 項，受領人不知無法律上之原因規定之適用 **⑨**。

附帶而言，瑞士債務法第 64 條規定，「在受領人可得證明受返還請求時已不再受有利益者，不得請求返還，但是受領人放棄或轉讓所受利益，且非屬善意或可得慮及應加返還者，不在此限」。瑞士學說表示，不當得利受領人之惡意，首先包括，明知或可得而知無法律上原因而受領給付之情形 **⑨**，其次，若不當得利受領人讓與所受利益時，已可得預期應當返還，

---

**㉙** 王澤鑑，頁 237。

**⑨** 令人錯愕不解的是，96 臺上 834 竟然再度重複 93 臺上 910 之錯誤，而表示「買賣契約為雙務契約，雙方之給付，依其經濟上之交換目的構成一整體。是以買賣契約縱然無效，倘當事人雙方事實上均已履行，則給付與對待給付仍應一併觀察計算。若買受人所支付之價金與出賣人所交付物品之價額相當，自難謂買受人受領買賣標的物獲有不當得利」。

**⑨** 批評見解，王澤鑑，《民法學說與判例研究(四)》，頁 55 以下；詹森林，《臺灣本土法學雜誌》，第 1 期，頁 37 以下；詹森林，《臺灣本土法學雜誌》，第 29 期，頁 21 以下；陳自強，《契約之成立與生效》，民國 91 年，頁 402–405。

**⑨** 但參見 93 臺上 1319，就民法第 113 條規定之損害賠償部分之說明。黃立，《民法總則》，民國 94 年修訂 4 版，頁 323–324，肯定民法第 113 條損害賠償之適用。

**⑨** 例如 93 臺上 910，在「次按……」部分係說明民法第 113 條之適用，但是在「復按……」部分則說明不當得利。然而究竟二者關係如何，仍屬不明。

**⑨** 對此之相關問題，參見楊芳賢，《政大法學評論》，第 93 期，頁 119 以下。

或者在受領給付之時，即已得預期應當返還，均無從主張所受利益不存在 **96**；最後，不當得利之債權人請求其債務人返還之時，債務人亦成為惡意 **97**。換言之，瑞士債務法之規定有別於德國民法 **98**。

## (二)第 182 條第 2 項規定

 **例　題**

1.甲無權占有乙之土地，設置攤位收取租金供他人使用，試問，乙得對甲有何權利可得主張？又對甲是否明知受利益係無法律上之原因，應如何判斷？

2.繼承權人甲否認另一繼承權人乙之繼承權，而將原本應共同繼承之土地出賣。其後，土地價值年年上漲，乙對甲得主張何等權利？

### 1.構成要件

第 182 條第 2 項規定，係以不當得利受領人於受領時，知無法律上之原因或其後知之為適用前提。例如 94 臺上 2364 指出，第 182 條第 2 項，「係課予惡意受領人附加利息返還不當得利之責任。此項附加之利息應自

---

**95** Hermann Schulin, in Kommentar zum schweizerischen Privatrecht, Obligationenrecht I, Art. 1–529 OR, 2. Auflage, Hrsg. Heinrich Honsell, Nedim Peter Vogt und Wolfgang Wiegand, Art. 64, Rn 10（在此，並引用瑞士民法典第三條第二項規定：善意係指不知或非可得而知）.

**96** Schulin, OR Art. 64, Rn 10.

**97** Schulin, OR Art. 64, Rn 10.

**98** 相對的，英國上議院已採取類似德國民法第 818 條第 3 項（類似我國民法第 182 條第 1 項）規定之見解，承認善意的受領人可主張地位變更，無須就其無從返還之利益負返還責任，但是惡意的受領人無從主張此一抗辯，參見 Lipkin Gorman (a firm) v. Karpnale Ltd and another, [1991] 2 AC 548, [1992] 4 All ER 512–540（本書在此係引用後者），尤其 533h–j, 534b–c per Lord Goff of Chieveley. 又 Werner Lorenz, FS-Hans Stoll, Tübingen, 2001, 251–278, 266 強調，對此僅能稱英國法本判決之見解接近德國法，而不能認為二者相同。此外，其後，經由英國判決實務的發展業已確認，所謂惡意，亦不包括過失（而不知）之情形，參見 Virgo in Chitty on Contracts, 29th ed., 2004, Vol. I, para §29–183 at Fn. 1004.

受領時或知無法律上之原因時起算，尚與民法第二百三十三條第一項規定之法定遲延利息或同法第二百五十九條第二款關於契約解除回復原狀之加付利息有間。原審疏未查明上訴人受領系爭二千九百六十一萬元之履約保證金，究係自始為惡意，抑嗣後惡意？以為附加利息起算之依據，遽認上訴人應自實際取得系爭保證金之翌日起加付法定遲延利息，亦有可議」。

其次，如 92 臺上 553 所言，「所謂知無法律上之原因時，係以受領人依其對事實認識及法律上判斷知其欠缺保有所受利益之正當依據時，既為已足，不以確實瞭解整個法律關係為必要」**[99]**。此一部分之說明，值得贊同，但本判決後段所謂「知之程度，僅須達於可認識之程度即為已足」之用語，似宜避免，以免令人誤會僅須達於可認識之程度，即為民法第 182 條第 2 項規定之知。又本條項所稱之知，並不包括過失不知**[100]**。再者，知悉法律行為得撤銷，亦屬知無法律上之原因**[101]**，但此一情形須法律行為經撤銷，始得適用第 182 條第 2 項。

此外，不當得利返還請求權人主張受領人有第 182 條第 2 項規定之適用者，於受領人爭執時，應負舉證責任**[102]**。至於不當得利受領人係未成年人，參見第四章，第一節，二，㈠，1.，⑷。

　2.法律效果

第 182 條第 2 項規定，受領人應將受領時所得之利益，或知無法律上之原因時所現存之利益，附加利息，一併償還，如有損害，並應賠償。

⑴起算時點

第 182 條第 2 項之適用案例，首先如 94 臺上 2385 所示，「上訴人於八十八年五月二十九日已合法終止系爭契約，即知無法律上之原因而受有利益，則被上訴人請求自起訴狀繕本送達翌日即八十八年八月四日起加付法定利息，亦無不合」。本件之被上訴人，未自 88 年 5 月 29 日之翌日起，而

---

**[99]** Palandt/Sprau, §819 Rn 2; 並參見 Mk/Lieb, §819 Rn 2.

**[100]** 94 臺上 1639; 王澤鑑，頁 267。

**[101]** Mk/Lieb, §819 Rn 5; Palandt/Sprau, §819 Rn 2; 王澤鑑，頁 267。

**[102]** Palandt/Sprau, §819 Rn 10.

是自起訴狀繕本送達翌日即 88 年 8 月 4 日起，請求加付法定利息，乃自行放棄權利。

其次，依 93 臺上 1366，「張○杰等三人主張裕○行公司利用張○祥赴日醫病期間，以假清償方式，將系爭二千四百萬元匯入張○祥銀行帳戶，再回流至裕○行公司帳戶，應負返還不當得利責任。原審既認裕○行公司就此應負返還不當得利責任，則裕○行公司將上開款項回流至其公司時（七十六年七月二十一日），即應已知悉係無法律上之原因而獲有不當得利，似應自此時起附加利息返還。原審謂裕○行公司應返還張○杰等三人二千四百萬元不當得利，並未經具體指定其給付之日期，係屬給付未定有確定期限之債務，其利息應自訴狀繕本送達翌日（九十一年四月二十七日）起算，不無誤會」。

此外，依 94 臺上 1074，「本件被上訴人與黃○○就系爭土地訂立買賣契約，辛○○等九人因而受領買賣價金，嗣黃○○提起塗銷系爭土地所有權移轉登記之訴，經原法院八十六年度重上更㈠字第四二號民事判決勝訴，認定本件買賣契約對祭祀公業黃○○公不生效力，則於該事件判決確定時辛○○等人即可知悉其受領之買賣價金為無法律上之原因，而原審已認定該民事判決於八十八年九月一日確定，上訴人於當日起即負返還本件買賣價金之責，原審雖以該訴訟判決確定後三日即八十八年九月五日起算本件上訴人應負之法定遲延利息，惟此對上訴人並無不利，上訴論旨執以指摘原判決不當，求予廢棄，非有理由。」上述案例中，辛○○等人究竟何時起知悉其受領之買賣價金為無法律上之原因，固然本判決認為，應自該事件判決確定時起，但是應指出者，本件情形，類推適用第 959 條，「善意占有人，於本權訴訟敗訴時，自其訴訟拘束發生之日起，視為惡意占有人」規定之下，本判決所謂判決確定時才知悉無法律上之原因之見解，尚有疑問。

 **解　說**

　　例題 1.，甲無權占有乙之土地，即受有利益，且本於此一利益而更有所取得租金（第 181 條）；而且係明知他人之土地加以占有，故應依第 182 條第 2 項，附加利息，一併償還。

此外，90 臺上 190 認為，「被上訴人係占有系爭土地設置攤位收取租金」，故「上訴人在原審請求被上訴人給付自七十六年四月二五日起至八十五年二月二四日止，按所收租金依週年利率百分之五計算利息之不當得利，並非請求遲延債務之遲延利息，而係主張該利息之收入亦屬不當得利之一部分等語。原審疏未注意查明上訴人是否依上開規定（作者說明，指第 182 條第 2 項），為其請求之依據，遽依債務遲延支付遲延利息之法則為上訴人不利之判決，亦有可議」。應指出者，本判決有關利息並非遲延利息而是不當得利一部分之說明，尚可贊同。此外，上訴人對被上訴人亦得主張第 184 條第 1 項前段或後段之損害賠償請求權。

(2)非金錢，無利息

第 182 條第 2 項所謂附加利息，一併償還，僅適用於不當得利受領人所受領之利益係金錢，而不適用於受領之利益並非金錢；受領之利益非屬金錢，僅得適用同條項後段之如有損害，並應賠償之規定，請求損害賠償❿。

(3)損害賠償

第 182 條第 2 項之損害賠償，通說認為係不當得利法之制度，不以受領人對損害之發生有故意或過失為要件❿；其次，學說認為，此項損害賠償，除積極損害外，應包括消極損害❿。

 **解 說**

例題 2.，乙對甲主張不當得利返還請求權時，若請求償還客觀價額，卻因地價年年上漲，僅請求價額及利息，仍無法買回乙應繼承之土地，則因甲係明知，應依第 182 條第 2 項負損害賠償責任，故乙就其客觀價額無法買回土地部分，對甲請求損害賠償❿。

---

❿ 王澤鑑，頁 271。

❿ 王澤鑑，頁 271，但王著在此之敍述，似將受領人誤載為「受損人」；孫森焱，上冊，頁 183；鄭玉波，頁 125。

❿ 王澤鑑，頁 271。

❿ 參見 82 臺上 1562。

# 第二節
## 對第三人之不當得利返還請求權

不當得利返還請求權人，原則上僅得對不當得利受領人請求返還不當得利，受領人不能返還時，適用第 181 條但書規定，亦應償還價額；但是依第 182 條第 1 項，若受領人，不知無法律上之原因，而其所受之利益已不存在者，免負返還或償還之責任。此一結果，對不當得利返還請求權人，極為不利，故第 183 條例外規定，不當得利之受領人，以其所受者，無償讓與第三人，而受領人因此免返還義務者，第三人於其所免返還義務之限度內，負返還責任。

### 一 第 183 條規定之直接適用

第 183 條之適用，首先之要件是請求權人對受領人享有不當得利返還請求權；至於受領人所負之不當得利返還義務究竟是基於給付類型或非給付類型，並無影響[107]。其次，第三人須係基於與不當得利受領人間，無償之法律行為而取得權利，例如贈與或第三人非繼承權人之死因贈與[108]。再者，不當得利受領人，依第 183 條規定，亦須因以其所受者，無償讓與第三人，而免返還義務[109]。故若不當得利受領人無從主張免返還義務，即無本條之適用。最後，本條規定之目的在於保護不當得利返還請求權人，因為在此之第三人，因係無償受讓，相較於無從請求返還之不當得利返還請求權人，較不值得加以保護[110]。

直接適用第 183 條之典型案例是不當得利受領人對第三人為無償之有權處分，且得主張所受利益不存在，而免返還義務。對此，參見第二章，第四節，二，例題 5。又不當得利受領人就其所受領之利益無償讓與第三

---

[107]　Mk/Lieb, §822 Rn 3.

[108]　Mk/Lieb, §822 Rn 4.

[109]　Mk/Lieb, §822 Rn 5.

[110]　Mk/Lieb, §822 Rn 1.

人時，第三人固須依第 183 條規定返還，至於利益之代替物或收益以及諸如因性質或其他情形不能返還而須償還之價額，只要是無償讓與第三人，第三人依本條規定亦負返還責任 ⑪。且在此之第三人，將其所受領者，無償讓與第四人，亦得適用本條規定 ⑫。最後，請求權人主張適用第 183 條時，就受領人無償讓與第三人、受領人免返還義務以及並非明知無法律上之原因之加重責任情事，負舉證責任 ⑬。

## 二 第 183 條規定之類推適用

適用第 183 條，依上所述，係以不當得利受領人進而對第三人為無償之有權處分，而且得以主張所受利益不存在。至於第 183 條之類推適用，如上所述，涉及標的物之占有人對第三人為無償之無權處分，而且得以主張所受利益不存在，對此，我國學說認為，仍應類推適用第 183 條規定 ⑭，因為無償取得之第三人，相較於無從請求返還之不當得利返還請求權人，較不值得加以保護；對此，參見第二章，第四節，二，例題 6。

此外，有爭議的是，若不當得利受領人因係惡意，致無從主張所受利益不存在（第 182 條第 2 項），而須自行負不當得利返還義務，但卻已無返還能力，亦無財產可負責時，有不少德國學說認為宜貫徹相同原則，類推適用德國民法第 822 條規定，使不當得利返還請求權人得以對第三人請求返還，理由是第三人相較於不當得利返還請求權人，較不值得保護 ⑮。但是德國實務與通說採取否定見解，認為須不當得利返還義務人得主張免返還或償還義務，才可以類推適用本條規定 ⑯。

---

⑪　Mk/Lieb, §822 Rn 7.

⑫　Mk/Lieb, §822 Rn 7.

⑬　Mk/Lieb, §822 Rn 8.

⑭　王澤鑑，頁 180–186，尤其頁 186。

⑮　Mk/Lieb, §822 Rn 6; Larenz/Canaris, 195; Wieling, 82; Medicus, Rn 691.

⑯　BGH NJW 1999, 1026 Leitsatz 2 und 1028 unter I 3 b) bb) mwN; Palandt/Sprau, §822 Rn 7.

# 第 5 章

不當得利返還請求
權之其他相關問題

# 第一節

## 消滅時效

例　題

　　1.甲無權占有乙之房屋，居住三個月後，乙才發現。試問，乙對甲之不當得利返還請求權內容為何？又乙此一請求權之時效應適用何一規定？

　　2.丙與丁間之租賃契約無效或不成立，但丙已使用收益丁之不動產。試問，丁對丙之不當得利返還請求權內容為何？又丁此一請求權之時效應適用何一規定？

　　3.戊與己締結契約時，明知己係無行為能力人，仍出賣玩具予己，並受領己所交付之現金。試問，己之法定代理人請求戊返還該筆現金及其利息之時效，應適用何一規定？

## 一　一般情形

　　不當得利之消滅時效期間，學說認為，係適用第 125 條所定之 15 年消滅時效期間❶。最高法院原則上採相同見解，例如 93 臺上 2080 表示，「當事人主張不動產物權之登記有無效之原因，依不當得利之法律關係請求塗銷登記者，依民法第一百二十五條規定，其請求權，因十五年間不行使而消滅。而不當得利之受領人，依其利益之性質或其他情形不能返還所受之利益者，依民法第一百八十一條但書之規定，固應償還其價額，惟其所應償還之價額及所受之利益，性質上具有同一性，自應自原請求權得行使時起算消滅時效，不得各別起算其消滅時效」。

◎簡　評

　　自本裁定，難以知悉究竟涉及所有權或其他物權之登記，但若不動產物權之登記有無效之原因，所有權人得依民法第 767 條之所有物返還請求權訴請塗銷，且因係主張除去妨害請求權，故若係已登記之不動產，即不

---

❶　鄭玉波，頁 131；孫森焱，上冊，頁 192；黃立，頁 241。

適用第 125 條消滅時效之規定（參見釋字第 164 號）。但若係依不當得利之法律關係請求塗銷登記者，依民法第 125 條規定，其請求權，因 15 年間不行使而消滅。至於第 181 條但書之價額償還部分，亦同。本裁定此一部分見解，值得贊同。

## 二　第 182 條第 2 項之利息

針對第 182 條第 2 項之利息，93 臺上 1853 表示，「民法第一百八十二條所定之附加利息，係受領人受領利益時，就該利益使用所產生之利益，該附加利息性質上仍屬不當得利，僅其數額可以利息之計算方式來確定，是該附加利息如得以非利息計算之方式上確定其金額，亦無不可計為返還之範圍。準此，該附加利息之請求權消滅時效，仍應適用民法第一百二十五條所定十五年之時效。本件訴訟，被上訴人依民法第一百八十二條第二項請求之附加利息，係不當得利之一部分，既非租金，亦非遲延利息，應無民法第一百二十六條所規定短期消滅時效之適用」。

反之，95 臺上 2673 認為，「利息、紅利、租金、贍養費、退職金及其他一年或不及一年之定期給付債權，其各期給付請求權，因五年間不行使而消滅，民法第一百二十六條亦有明文規定，民法第一百八十二條第二項附加利息，亦為利息，自亦有前述短期時效之適用，為本院最近之見解」。

◎簡　評

本書認為，對於上述爭議，應以 93 臺上 1853 之見解，值得贊同。利息之債，固應適用第 126 條之 5 年消滅時效，但第 182 條第 2 項之附加利息，如 93 臺上 1853 所言，係惡意之不當得利受領人之不當得利之一部分，故仍應適用第 125 條所定 15 年之時效。至於 95 臺上 2673 之見解，並不可採，因為第 182 條第 2 項涉及惡意不當得利受領人就金錢應附加利息返還之情形，性質上有別於第 126 條規定之利息、紅利、租金、贍養費、退職金及其他 1 年或不及 1 年之定期給付債權之各期給付債權，因 5 年間不行使而消滅之情形。再者，就不當得利返還請求權，原則上適用第 125 條之 15 年時效，然而惡意之不當得利受領人，就第 182 條第 2 項之附加利息，

反而得適用第 126 條較短之 5 年時效，價值判斷，顯失均衡，並不可採。

## 三 所謂相當於租金之利益

### (一) 94 臺上 1198

民法第一百二十六條所謂之租金債權係指承租人使用租賃物之代價，出租人應定期按時收取租金之債權而言，故租金請求權因五年不行使而消滅，係就出租人對於承租人之租金請求權而言。本件係上訴人未得其他共有人之同意，逾越其應有部分就共有物全部為使用收益，上訴人因此受有不當得利，為被害人之被上訴人則受有損害。此種不當得利返還請求權，本屬損害賠償之性質，原非租金之替補，亦即並非基於一定之法律關係，因一年以下時間之經過而依序發生之定期給付債權，原審因認無適用民法第一百二十六條短期時效之餘地，難謂有何違背法令。

◎簡　評

本判決見解，除所謂「此種不當得利返還請求權，本屬損害賠償之性質」之說明，並不妥適外，應予肯定。

### (二) 91 臺上 2233

本件之土地租賃契約書第四條，已有：（租地建屋之）王○清轉讓建物時，應通知（土地所有權人）劉○池及經雙方同意並再行簽字，始為有效之約定，王○清於轉讓系爭房屋時，自應依約通知劉○池之繼承人全體，由其全體繼承人與受讓人再行簽訂新約，始符約定。乃王○清未向被上訴人全體為通知，更未待被上訴人與陳○囍等五人簽訂新約，即擅將系爭房屋之權利讓與陳○囍等五人，顯已違反前揭第四條之約定，被上訴人據以終止租約，收回土地，並請求現占有人自房屋遷出、房屋權利人拆屋還地、原承租人給付租約終止前積欠之租金、房屋權利人給付租約終止後相當於租金之損害金，於法要無不合。上訴論旨，徒就原審取捨證據、認定事實及解釋契約之職權行使，指摘原判決關於此部分為不當，聲明廢棄原判決該部分，非有理由。

◎簡　評

　　土地所有權人依土地法第 103 條終止租約後，對房屋權利人請求給付租約終止後相當於租金之損害金，意義未盡明確，依本判決之記載，地主係主張所謂「不當得利之損害金」，故應認其係主張不當得利，因此其時效，亦係適用第 125 條之 15 年時效。

### ㈢不應適用或類推適用第 126 條之 5 年短期時效之案例

　　首先，92 臺上 2037，涉及無權共同占有使用收益之訴訟，故不宜類推適用第 126 條所定 5 年之短期消滅時效。但本判決表示，「被上訴人於八十七年九月九日前無權共同占用系爭土地，受有相當於租金之利益，致上訴人受有損害，上訴人自得依不當得利法律關係請求被上訴人返還該利益，惟該請求權自上訴人起訴狀繕本最後送達翌日（即八十八年三月二十六日）往前回溯超過五年之部分，因罹於五年消滅時效而消滅，故上訴人得請求被上訴人連帶返還之不當得利，係自八十三年三月二十六日起至八十七年九月九日止之租金」。

　　其次，91 臺上 2130，「涉及上訴人因任職關係而獲准配住系爭房屋，性質上係屬使用借貸關係，上訴人退休離職時，其借貸目的，當然視為已使用完畢，依民法第四百七十條第一項前段規定上訴人於斯時即負有返還系爭房屋於被上訴人之義務。乃上訴人於退休離職後仍繼續使用系爭房屋自無合法權源，而受有相當於租金之利益」。

◎簡　評

　　民法第 126 條規定係著重在債權人所享有之權利係一年或不及一年之定期給付債權，故債權人請求權之消滅時效，依本條規定為 5 年。相對的，92 臺上 2037 涉及無權占有使用收益之情形，而 91 臺上 2130，則涉及無償使用借貸契約終止後繼續無權占用之情形，二者無論是所有權人或貸與人根本並無每一年或不及一年即對無權占有人或借用人定期請求給付之債權，故不應類推適用民法第 126 條規定之 5 年短期消滅時效❷。

---

❷　王澤鑑，頁 287–288；黃立，頁 241。此外，並參見 94 臺上 1198。

### ㈣相當於租金之利益，適用第 126 條之 5 年時效？

最高法院 65 年第 5 次民庭庭推總會議，決定事項二，表示「無法律上之原因而獲得相當於租金之利益，致他人受損害時，如該他人返還利益請求權已逾租金短期消滅時效之期間，對於相當於已罹消滅時效之租金之利益，不得依不當得利之法則，請求返還（本院四十九年臺上字第一七三〇號判例參考）」❸。

49 臺上 1730 判例認為，「租金之請求權因五年間不行使而消滅，既為民法第一百二十六條所明定，至於終止租約後之賠償與其他無租賃契約關係之賠償，名稱雖與租金異，然實質上仍為使用土地之代價，債權人應同樣按時收取，不因其契約終止或未成立而謂其時效之計算應有不同」❹。

◎簡　評

應指出者，49 臺上 1730 判例既稱「賠償」，當係主張侵權行為之損害賠償請求權；其時效，應適用第 197 條第 1 項規定。其次，即使此一說明之真意係請求不當得利返還，但是為何不當得利之返還請求權之時效應當受契約規定之時效拘束，難以理解。所謂契約之短期時效得以適用於其他請求權，目前實務上僅有契約與侵權行為之請求權競合，採相互影響說下，侵權行為之損害賠償請求權適用契約之法定短期時效❺。再者，租賃契約終止或未成立，就使用收益之利益所成立不當得利，並不存在如同租金般之定期給付，而有所謂「應同樣按時收取」之狀態，故此一情形，應適用第 125 條之 15 年時效。至於不能返還，適用第 181 條但書，應償還價額，亦應適用同一規定，即 15 年之時效❻。此外，租賃契約之租金，應適用第 126 條之 5 年時效，對出租人與承租人雙方而言，均具有正當性，相對的，

---

❸　《最高法院決議彙編（民國 17 年至 95 年）》，民事部分，民國 96 年 6 月版，頁 749–751。

❹　《最高法院判例要旨（民國 16 年至 94 年）》，民事部分，民國 96 年 6 月版，頁 47。

❺　參見例如 95 臺上 218，涉及運送契約與侵權行為之請求權之競合。

❻　93 臺上 2080；黃立，頁 241。

無權占有他人不動產使用收益之不當得利債務人，欠缺值得保護之利益，根本不應適用針對租賃契約所規定之 5 年短期時效。

　　若契約終止或未成立之使用收益利益，依上段所述，不應適用第 126 條之 5 年短期時效❼，則最高法院 65 年第 5 次民庭庭推總會議，決定事項二表示，「無法律上之原因而獲得相當於租金之利益，致他人受損害時，如該他人返還利益請求權已逾租金短期消滅時效之期間，對於相當於已罹消滅時效之租金之利益，不得依不當得利之法則，請求返還」，若適用於雙方根本不曾存在租賃關係，更明顯不當。本書認為，此等案例，限縮物之所有人或權利人請求不當得利返還之消滅時效期間，並無正當理由。亦即無權占有他人土地使用收益，無權占有人在時效上根本並無任何應予保護之利益，故不應將所有權人之不當得利返還請求權由 15 年限縮至 5 年。此一情形，應適用第 125 條所定之 15 年時效期間。最高法院在此先錯誤將無權占有使用他人之物之不當得利解為「受有相當於租金之利益」，嗣後又錯誤地適用第 126 條有關租金之 5 年短期時效，致剝奪不當得利返還請求權人行使權利之期間。最高法院此一決議之見解，頗有違憲之嫌（參見憲法第 15 條），應當廢棄。

 **解　說**

　　例題 1.，依最高法院判決見解，乙對甲得請求相當租金之不當得利，而消滅時效，依第 126 條為 5 年。相對的，本書認為，乙對甲得請求占有及使用收益之返還，而其消滅時效，依第 125 條為 15 年。

　　例題 2.，同上。

　　例題 3.，己之法定代理人對戊請求價金返還部分，消滅時效依第 125 條為 15 年。至於利息部分，最高法院有判決認為，其消滅時效依第 126 條為 5 年（參見 95 臺上 2673）；相對的，亦有判決認為，消滅時效適用第 125 條為 15 年（參見 93 臺上 1853）。本書認為，後一判決見解較為可採，以免價值判斷失衡。

---

❼　相同見解，黃立，頁 241。不同見解，王澤鑑，頁 288。

# 第二節
## 舉證責任

 給付類型不當得利

### 例 題

　　甲交付支票乙紙予乙，乙交付予第三人丙作為清償債務之用。嗣後，甲依不當得利對乙請求返還票款。試問， 1.此一情形，應由何人負舉證責任？ 2.再者，若乙主張雙方有贈與契約關係，則應由何人就此贈與契約之存否負舉證責任？

### ㈠基本原則

　　給付類型之不當得利，不當得利返還請求權人，在有爭執時，就成立不當得利之要件，包括無法律上之原因之要件，均應加以舉證證明❽。最高法院相關判決基本上採取相同見解❾，例如 93 臺上 2254 表示，「非債清償之不當得利返還請求權，以債務不存在為其成立要件之一，主張此項請求權成立之原告，應就債務不存在之事實負舉證之責任（本院二十八年上字第一七三九號判例參照）」。此一見解，值得贊同❿。

### ㈡ 96 臺上 158

　　按不當得利，以無法律上之原因而受利益，致他人受損害為其成立要件，依民事訴訟法第二百七十七條規定，應由主張該事實存在之原告負證明之責。而原告除應證明被告受有利益外，尚應證明其受有利益係無法律上之原因，倘原告未能舉證證明之，則被告就其抗辯事實即令不能舉證，或所舉證據尚有疵累，仍應駁回原告之請求。本件原審因上訴人僅證明被上訴人受領匯款，未能證明被上訴人受領系爭匯款係無法律上之原因，而

---

❽　MK/Lieb, §812 Rn 393; Strieder in Handbuch des Beweislast im Privatrecht, Band 1, 1991, 2. Auflage, §812 Rn 10 und 11.

❾　94 臺上 1566；此外，就原告須證明被告係無法律上之原因，參見 93 臺上 2254； 94 臺上 542； 96 臺上 158。

❿　Palandt/Sprau, §812 Rn 104.

為上訴人敗訴之判決，自不違背法令。

◎簡　評

　　此一見解，值得贊同❶。

㈢ 91 臺上 1557

　　查上訴人前揭主張被上訴人購買系爭房屋及傢俱，上訴人以系爭支票為被上訴人支付共計三百五十萬一千零一十元之事實，堪信為真實，且兩造間就該款項並無借貸關係，為原審認定之事實。則上訴人主張被上訴人就前開款項無法律上之原因而受利益，似已有相當之證明，被上訴人既抗辯系爭票款係上訴人購買財物贈與伊。依民事訴訟法第二百七十七條前段規定：當事人主張有利於己之事實，就其事實有舉證之責任。被上訴人就其所辯贈與之事實，即負有舉證之責任，原審竟認被上訴人就該贈與事實不負證明之責，尤屬可議。

◎簡　評

　　本判決之見解，不無疑問。上訴人交付金額共計 350 萬餘之支票，並舉證證明兩造間就該款項並無借貸關係，固為原審認定之事實，但是上訴人僅舉證證明兩造間就該款項並無借貸關係，並非立即可認為上訴人就兩造間之給付係無法律上之原因，已盡其舉證責任❷。固然，不當得利返還請求權人不須就各種可能之無法律上之原因負舉證責任，但是舉證證明相對人主張之特定法律上之原因並不存在，原則上即為已足❸，因此本件之被上訴人既抗辯系爭票款係上訴人購買財物之贈與，則上訴人亦應先舉證證明雙方之間並無贈與契約存在，而非逕由被上訴人舉證證明雙方之間有

---

❶　基於同理，95 臺上 231 裁定所示之見解，似有疑問。

❷　參見 94 臺上 542 判決，「本件被上訴人既備位主張上訴人受領其交付之系爭款項係構成不當得利，自應舉證明其給付係欠缺給付之目的；惟被上訴人不能證明其先位主張係基於消費借貸關係而交付款項，則充其量亦僅能認該特定之法律關係不存在，尚非得因此即推論其給付欠缺給付之目的」。

❸　Strieder in Handbuch des Beweislast im Privatrecht, Band 1, 1991, 2. Auflage, §812 Rn 11; Palandt/Sprau, §812 Rn 106.

贈與契約存在。反之，若上訴人已舉證證明兩造間就該款項並無被上訴人所稱之贈與關係，其後才應由被上訴人舉證證明雙方之間有其所主張之贈與契約存在。最高法院本判決就舉證責任之具體適用，尚有疑問；原審判決之見解，較為可採。

## 二 非給付類型之侵害型不當得利

固然不當得利返還請求權人，在有爭執時，應舉證證明相對人受利益係無法律上之原因，但是在非給付類型不當得利中之侵害型不當得利，若從構成要件事實即立刻可知受利益係無法律上之原因，則請求權人不須舉證證明無法律上之原因，反而債務人必須舉證證明自己受利益係有法律上之原因[15]。例如行為人擅自提領他人存款，以清償自己對第三人之債務[16]，只要請求權人係銀行存摺之名義人，且自行存入存款，則依據此等事實，已足推論提領他人存款之人，乃無法律上之原因，故行為人應自行舉證證明有法律上之原因[17]。

## 🔍 解　說

給付類型之不當得利，不當得利返還請求權人，在有爭執時，就成立不當得利要件，包括無法律上之原因之要件，均應加以舉證證明。最高法院相關判決基本上採取相同見解，例如 93 臺上 2254 表示，「非債清償之不當得利返還請求權，債務不存在為其成立要件之一，主張此項請求權成立之原告，應就債務不存在之事實負舉證之責任（本院二十八年上字第一七三九號判例參照）。故例題 1.之情形應由不當得利返還請求權人甲負舉證責任」。

---

[14]　Strieder in Handbuch des Beweislast im Privatrecht, Band 1, 1991, 2. Auflage, §812 Rn 11.

[15]　Strieder in Handbuch des Beweislast im Privatrecht, Band 1, 1991, 2. Auflage, §812 Rn 13; siehe auch MK/Lieb, §812 Rn 393.

[16]　95 臺上 715。

[17]　Strieder in Handbuch des Beweislast im Privatrecht, Band 1, 1991, 2. Auflage, §812 Rn 13.

　　例題 2.，不當得利返還請求權人甲不須就各種可能之無法律上之原因負舉證責任，而是舉證證明相對人乙主張之特定法律上之原因並不存在，即為已足，因乙既抗辯雙方有贈與契約關係，則甲即應先舉證證明雙方之間並無贈與契約存在，而非逕由乙舉證證明雙方之間有贈與契約存在。反之，若甲已舉證證明兩造間並無乙所稱之贈與契約，其後才應由乙舉證證明甲乙雙方之間有乙所主張之贈與契約存在。

# 第三節
## 雙務契約之不當得利返還，類推適用同時履行抗辯權規定

　　96 臺上 1707，「系爭商標專用權已登記予上訴人所有，上訴人並為二千五百萬元價金之交付，已如前述，系爭買賣契約既因未經被上訴人股東會決議而無效，則類推適用民法第二百六十四條同時履行抗辯權之規定，塗銷上開移轉登記及買賣價金之返還，在實質上即難謂無履行之牽連關係」。

◎簡　評

　　本件系爭買賣契約，如本判決所言，因未經被上訴人股東會決議而無效，至於系爭商標權之移轉登記，依商標法第 35 條規定，僅係對抗要件，並非有效要件，故在系爭買賣契約無效之下，上訴人並未取得系爭商標權，而僅取得系爭商標權之登記名義[18]，因此被上訴人得訴請上訴人塗銷系爭商標權。至於雙方當事人間，因系爭商標專用權之買賣契約無效所生之不當得利返還請求權，如本判決所述，既係基於同一買賣契約無效而生，應類推適用第 264 條第 1 項規定[19]。

---

[18]　96 臺上 1701 表示，系爭商標專用權已登記予上訴人所有。

[19]　此外，參見 90 臺上 215。

# 第四節
## 數人受利益，不構成連帶返還或償還責任

最高法院在數件判決中表示，因不當得利發生之債，同時有多數利得人，應按其利得數額負責，並非須負連帶返還責任[20]。最高法院此一見解，主要乃因第 272 條規定使然，即連帶責任之成立，應依法律明定或當事人明示之意思表示，但是不當得利並無明文數人受利應成立連帶責任之規定，而且當事人通常亦未約定，若成立不當得利時，數人應成立連帶之返還責任，故無從訴請多數利得人應負連帶返還之責任。立法論上，此一見解可能造成不當得利返還請求權人面臨難以知悉個別債務人究竟取得若干利益之結果。當然，若此數人成立共同侵權行為，第 185 條規定，應連帶負損害賠償責任，可能尚無問題，但是其他僅係共同受領給付或取得利益之情形，請求權人仍僅得對個別債務人請求返還其個別所受之不當得利。

反之，92 臺上 2037 認為，「被上訴人……無權共同占用系爭土地，受有相當於租金之利益，致上訴人受有損害，上訴人自得依不當得利法律關係請求被上訴人返還該利益，……，故上訴人得請求被上訴人連帶返還之不當得利」。應指出者，最高法院本判決混淆不當得利之利益返還與共同侵權行為之連帶負損害賠償責任規定（第 185 條第 1 項），而且依現行民法，並無依據。

---

[20] 87 臺上 937；92 臺上 15；92 臺上 1598；92 臺上 1774。

【97 年律師】

三、甲客運公司之司機乙駕駛公司之公車行經十字路口時,因不明原因致使車輛失控而撞上路燈,車內之乘客丙(職業:建築工人)多處受傷及兩腿骨折,另一位由父親付費之乘客丁(9 歲)則右手扭傷。丙住院治療 6 個月後方痊癒出院,而住院期間,丙之母親(職業:家管)在醫院看護丙。系爭車輛之保養維修一切正常,事後亦證明乙無過失。此外,乙趁丙受傷時竊走丙皮包內之現金 1 萬元及一只手錶(市值 5 千元)。乙當晚即前往酒店將該 1 萬元花光,並將手錶贈與不知情之酒店小姐戊。試問:

㈠丙及丁就其二人之受傷,對甲、乙是否有權利得主張?

　　此涉及侵權行為,故無關。

㈡丙就其現金 1 萬元及該只手錶,對甲、戊是否有權利得主張?

　　請參考:第三章,第二節。第四章,第二節。

四、甲與乙訂立承攬契約,乙為甲興建房屋一棟,報酬總額為新臺幣(下同)500 萬元。乙就系爭承攬契約之部分工程,與下包商丙另訂次承攬契約,報酬為 300 萬元。此外,乙對丁尚積欠 200 萬元債務。乙因而就系爭承攬報酬總額中之 300 萬元讓與於丙,甲、乙並合意,甲應依照丙之指示,直接給付款項給丙。至於其餘之 200 萬元承攬報酬款,乙則指示甲匯款至丁之帳戶,作為乙清償前述債務之用。系爭房屋業經乙興建完成並交付甲使用,甲亦已依前述約定給付 300 萬元予丙,並匯款 200 萬元予丁。6 年後,系爭房屋出現影響結構安全情事,且無法修補,但甲、乙均無法證明乙及丙就此情事是否有可歸責之事由。請問:如果您是甲之律師,您會提供甲如何之法律意見?

　　涉及 200 萬元部分,請參考第二章,第四節,五。至於 300 萬元部分,請參考第二章,第四節,六。

【97 年司法官】

二、甲於今年夏天大學畢業後,乃向其開設網咖之鄰居乙借款新臺幣 10 萬元,作為暑期至英國劍橋大學遊學之費用。乙素來對甲照顧有加,除無息借貸予甲上開新臺幣 10 萬元之金額,且未定返還期限外,又同意接受甲之引薦,聘僱甲之同學丙,至其網咖工作,然而丙不僅態度散漫,更於上班時間內上網大談戀愛,乙仍

對其百般容忍。6 個月後，乙因資金調度失當，只好將其對甲之新臺幣 10 萬元借款債權以新臺幣 8 萬元之代價出售予與乙素有往來之 A 電腦公司，雙方約定俟 A 電腦公司付清新臺幣 8 萬元之價款後，乙始為借款債權之讓與。然而 A 電腦公司於買賣契約成立後之翌日即給付新臺幣 8 萬元之價款予乙，乙立即囑託丙將有關借款債權讓與之情事告知甲，惟因丙之疏失竟向甲告知：「乙即刻將讓渡其借款債權予 B 電腦公司。」於丙通知甲後不久，乙即讓與該借款債權予 A 電腦公司。不知情之甲信賴其同學丙之通知，俟甲自其雙親處取得一筆為數可觀的壓歲錢後，再加上甲幾個月來微薄之薪資，甲乃交付新臺幣 10 萬元之金額予 B 電腦公司，以清償其先前向乙之借款，不知情之 B 電腦公司之職員丁，因此亦代 B 電腦公司受領此一款項。

基於上述之事實，試附理由回答下列問題：

㈠若 A 電腦公司仍向甲請求返還上開新臺幣 10 萬元之借款，甲是否有理由拒絕 A 電腦公司之請求？

請參考第二章，第四節，六。

㈡此外，A 電腦公司尚得向何人基於何種法律關係請求給付新臺幣 10 萬元之金額？

不當得利部分，請參考第二章，第二節，例題 2.以及第二章，第二節，二，㈡以及第二章，第四節，六之解說。

## 【96 年司法官】

四、無法接受女友移情別戀之甲，一時想不開，便自五樓頂跳樓自殺。位於一樓開業之醫師乙聽到撞擊聲而出外查看後，緊急將甲送回其診所救治。急救過程中，甲求死心意堅決，一直要求乙不要救他。經乙之急救與治療，甲之身體逐漸恢復健康。基於上述之事實，試就下列不同之情狀，附理由回答下列問題：

㈠若乙要求甲支付相關之醫療費用，是否有理？若甲主動前往乙之診所，向乙表示要送其一座純金打造之盾牌以表謝意，三日後送到。乙見甲十分誠意，慨然允受。不料，甲當晚回家後，後悔先前之表示，其是否有權拒絕交付純金盾牌？

請參考第二章，第五節，一。

㈡若甲住院期間，乙診所內之護士丙，幫甲換藥時，趁機竊走甲之手錶（市價 8 萬元），並將之以 10 萬元之價格賣給不知情的丁，丁隨即不知去向。試問：甲對丙可否主張 10 萬元之賠償或返還？

請參考第四章，第一節，一，㈠，3.。

## 【93 年司法官】

二、甲攜其 3 歲之兒子乙，乘坐由丁駕駛之丙客運公司汽車前往臺中，乙於汽車行駛
　　中離開座位，在座椅中間走道玩耍，因丁緊急煞車致乙跌傷而需住院；甲於到達
　　目的地臺中下車時，誤拿了戊之蘋果（一盒內有 10 個），甲將其中 6 個蘋果贈送
　　給友人己，另 4 個由自己食用。試分別說明下列問題：

　　㈠丙客運公司對乙之受傷應否負損害賠償責任?丙客運公司得否主張乙及甲均與
　　　有過失，而不負損害賠償責任?

　　　此涉及侵權行為，若尚未學到，不須練習。

　　㈡若丙客運公司應負損害賠償責任，乙得否就其因住院需人看護，請求丙客運公
　　　司賠償看護費?丙客運公司得否以乙住院係由其母親所看護，並未另僱請他人
　　　看護，因而拒絕賠償看護費?

　　　此涉及侵權行為，無關。

　　㈢關於甲之誤拿戊之蘋果，若甲並無可歸責事由，戊得對甲及己為如何之主張?
　　　甲及己得否以蘋果已不存在為由，拒絕返還?

　　　請參考第四章，第一節，二，第四章，第二節。

## 【91 年律師】

二、乙向甲購買噴墨印表機，甲誤取雷射印表機交付，問甲在法律上應如何主張始能
　　取回交付錯誤之雷射印表機? 設乙已將雷射印表機轉賣於丙，則如何? 試分別說
　　明之。

　　　請參考第二章，第一節，二，㈢。

## 【89 年司法官第二次】

二、甲向經營畫廊之乙購買 A、B 二幅國畫，乙商請甲同意，借用該二畫三個月，以
　　供展覽。二週後，乙因意外事故死亡，其獨生子丙剛自某大學法律系畢業，正專
　　心準備參加司法人員特種考試，決定結束畫廊營業，乃將 A 幅國畫贈與於丁，並
　　交付之。又將 B 幅國畫出賣於戊，於依讓與合意交付後，丙即以意思表示錯誤為
　　理由，對戊表示撤銷買賣契約。試問：

　　㈠甲對丁得主張何種權利?

　　　請參考第四章，第二節。

　　㈡甲或丙得對戊主張何種權利?

　　　請參考第三章，第二節。

## 【88 年司法官】

一、甲、乙基於通謀虛偽意思表示，將甲之土地所有權移轉登記予乙。不久，乙死亡，

該地經辦妥繼承登記予善意之丙,丙立即出租並交付該地予亦為善意之丁。其後,丙被戊之代理人己詐欺,而就該地辦理抵押權登記予戊,戊及己均不知甲、乙之通謀情事。半年後,甲請求丙及戊分別塗銷所有權及抵押權之登記,並請求丁返還該地,有無理由?試說明之。

　　請參考第二章,第一節,一,㈢;第二章,第四節,二。

## 【85 年司法官第二次】

一、擅將他人事務當成自己事務管理之不法無因管理,其不當得利返還請求權之內容及範圍,與無因管理返還請求權或侵權行為之損害賠償請求權之內容與範圍有何不同?

　　請參考第四章,第一節,一,㈡。

## 【83 年司法官】

三、乙積欠甲新臺幣(下同)500 萬元,迭經催討,乙均藉詞拖延,甲不勝其煩。乃於某日經丙同意,以 400 萬元價格出售於丙。當晚,因丁出價 450 萬元,再度出售於丁,並由甲即時通知於乙,適乙收得鉅額貸款,當即如數清償於丁。越數日,丙請求乙清償債款。問:

　　㈠甲丁間之債權買賣、債權讓與,效力各為如何?

　　㈡乙主張業已清償於丁,拒付債款於丙,有無理由?

　　㈢丙有無權利可以主張?

　　請參考第二章,第一節,一,㈣;第三章,第一節。

## 【82 年司法官】

二、甲有車一部租與乙使用,定期 1 年。租期中該車被丙所盜,經乙向警察機關報案。乙向甲交涉,雙方協議,租期屆滿,乙不能還車時,由乙折價新臺幣 30 萬元賠償甲,協議後不久,乙經警局通知領回失車,並將之售予不知情之丁,價金 40 萬元,交車後為甲所悉。問當事人間之法律關係為何?

　　請參考第四章,第一節,一,㈠,3.。

## 【81 年律師】

二、債權人甲錯誤指封乙之房地為債務人丙之財產,並經法院依強制執行程序拍賣。善意之拍定人丁不但已付清價金,且已完成所有權移轉登記。嗣因乙以真正所有人之身分訴請法院返還房地,並塗銷該不動產之移轉登記。若丙已全無資力,丁應如何保護自己之權益?試簡述我國實務上之見解,並評析其得失。

　　請參考第二章,第二節,二,㈡及㈢;第三章,第一節。

## 附錄二
# 本書參考文獻及引註方式

## ◎參考文獻

### 一 中文著作

1. 王澤鑑，《債法原理第二冊，不當得利》，民國 92 年 2 月出版。
2. 黃立，《民法債編總論》，民國 95 年修訂 3 版。
3. 孫森焱，《民法債編總論》上冊，民國 91 年 11 月修訂版。
   《民法債編總論》下冊，民國 91 年 8 月修訂版。
4. 史尚寬，《債編總論》，民國 43 年 7 月臺北初版，民國 67 年 9 月臺北 5 刷。
5. 鄭玉波，《民法債編總論》，民國 67 年 7 月 7 版。

### 二 英文著作

1. Peter Birks, Unjust Enrichment, 2003.
2. Gareth Jones ed., Lord Goff of Chieveley/Gareth Jones, The Law of Restitution, 7$^{th}$ ed., 2007, 尤其是 pp. 3–83, 843–914.
3. Andrew Burrows, Law of Restitution, 2$^{th}$ ed. 2002.

註：美國法著作，本書僅參考 1937 年出版之《法律整編回復原狀法》；其餘重要文獻，礙於能力、時間與經費，須留待未來。

### 三 德文著作

1. Karl Larenz/Claus-Wilhelm Canaris, Lehrbuch des Schuldrechts, Band II, Halbband 2, Besonderer Teil, 13. Auflage, 1994.
2. Josef Esser/Hans-Leo Weyers, Schuldrecht, Band II, Besonderer Teil, Teilband 2 Gesetzliche Schuldverhältnis, 8. Auflage, 2000.
3. Dieter Medicus, Schuldrecht Besonderer Teil, 14. Auflage 2007.
4. Palandt/Sprau, BGB, 2004.
5. MK/Lieb, 4. Auflage, 2004.
6. Hans-Josef Wieling, Bereicherungsrecht, 3. Auflage, 2004.
7. Ulrich Loewenheim, Bereicherungsrecht, 3. Auflage, 2007.

註：德國已故學者 Peter Schlechtriem 有關歐洲各國不當得利法比較

研究之德文鉅著，Restitution und Bereicherungsausgleich in Europa, Band 1., 2000, Band 2., 2001。由於作者已閱讀英文著作，而且其他歐洲語文之說明，作者無能閱讀、查證，故自始並未倚重。

## ◎引註方式

本書在註解中引用著作時，為節省篇幅，上述中西文獻，均僅舉出作者人名及頁數。例如：

1. 王澤鑑，頁 30，指王澤鑑，《債法原理第二冊，不當得利》，民國 92 年 2 月出版，第 30 頁。

2. Esser/Weyers, 79 指 Esser, Josef/Weyers, Hans-Leo, Schuldrecht, Band II, Besonderer Teil, Teilband 2 Gesetzliche Schuldverhältnis, 8. Auflage, 2000, S. 79.

3. Goff/Jones, 1–012 指 Lord Goff of Chievley/Gareth Jones, The Law of Restitution, 7th ed., 2007, para 1–012.

4. MK/Lieb, §812 Rn 1 指 Münchener Kommentar/Lieb, BGB, 4. Auflage, 2004, §812 Rn 1.

至於其他零星引用之文獻，仍在註解中註明。

# 法學啟蒙叢書
## ──帶領您認識重要法學概念之全貌

　　在學習法律的過程中，常常因為對基本觀念似懂非懂，且忽略了法學思維的邏輯性，進而影響往後的學習。本叢書跳脫傳統民法教科書的撰寫模式，將民法中重要的概念，以一主題即一專書的方式呈現。希望透過淺顯易懂的說明及例題的練習與解析，幫助初學者或一般大眾理解抽象的法學觀念。

### 目前已出版：

| | |
|---|---|
| 1. 承攬 | 葉錦鴻／著 |
| 2. 動產所有權 | 吳光明／著 |
| 3. 買賣 | 陳添輝／著 |
| 4. 契約之成立與效力 | 杜怡靜／著 |
| 5. 侵權行為 | 郭冠甫／著 |
| 6. 繼承 | 戴東雄／著 |
| 7. 遺囑 | 王國治／著 |
| 8. 運送法 | 林一山／著 |
| 9. 贈與 | 郭欽銘／著 |
| 10. 抵押權 | 黃鈺慧／著 |
| 11. 占有 | 劉昭辰／著 |
| 12. 婚姻法與夫妻財產制 | 戴東雄 戴瑀如／著 |
| 13. 不當得利 | 楊芳賢／著 |

**本系列叢書陸續出版中⋯⋯**

**法學啟蒙叢書　民法系列**

◎ **繼　承** 戴東雄／著

　　本書主要內容在說明民法繼承編重要制度之基本概念，並檢討學說與實務對法條解釋之爭議。本書共分四編，第一編緒論；第二編為遺產繼承人；第三編乃遺產繼承；第四編為遺產繼承之方法。在各編重要章次之後，皆附以實例題，並在書末之附錄上，提出綜合性實例題，以邏輯之推演方法，解決實際法律問題。

◎ **動產所有權** 吳光明／著

　　本書主要在敘述動產所有權及其相關法律問題，除依民法物權編、民法物權編部分條文修正草案，以及參考九十六年三月二十八日最新公布之新「擔保物權」規定，敘述其修正說明外，另參考法院實務判決，提出實際發生之案例進行探討。希望藉由本書的介紹能幫助讀者建立清楚、完整的概念。

◎ **契約之成立與效力** 杜怡靜／著

　　本書為使初學者能儘速建立契約法之基本概念，以深入淺出之方式，於理論基礎之說明上，儘量以簡潔文字並輔以案例加以說明。此外為使讀者融會貫通契約法間之關連性，書末特別附有整合各項契約法觀念的綜合案例演練，促使讀者能夠匯整關於契約法的各項觀念，並藉由本書之介紹，進入學習民法之殿堂。

# 法學啟蒙叢書　民法系列

## ◎ 贈 與　郭欽銘／著

　　本書以淺顯易懂的文字及活潑生動的案例，介紹我國民法有關贈與規定之學說與實務見解，期使讀者能將本書知識與現實生活中之法律問題相互印證。案例演習中，若涉及民法贈與其他相關規定，本書均會詳為論述解說，因此可讓非法律人或法律初學者在閱讀時，輕易理解其內容。

## ◎ 承 攬　葉錦鴻／著

　　承攬的條文雖不多，但在日常生活中卻常出現，相當值得我們注意。本書除了介紹承攬的每個條文及其相關實務見解外，對於學說上見解亦有所說明，希望藉由這些解說，更加豐富承攬規定的法律適用。本書內容包括概說、承攬人之義務、定作人之義務、承攬契約的效力、合建、委建與承攬，並在附錄以例題對本書重點做一回顧，希望讓讀者清楚了解承攬之全貌。

## ◎ 買 賣　陳添輝／著

　　為什麼買賣契約是債權契約？為什麼出賣他人之物，買賣契約有效？為什麼一物二賣，二個買賣契約均為有效？就買賣的概念而言，一般人的理解與法律規定之間，為何會有如此大的差異？本書盡力蒐集羅馬法及歐陸各國民法之相關資料，希望幫助讀者了解買賣制度之沿革發展，進一步正確掌握我國民法有關買賣規定之意義。

# 法學啟蒙叢書　民法系列

## ◎ 占　有　劉昭辰／著

　　本書以淺顯的例子為出發，藉以輔助說明抽象難懂的法律概念，幫助初學者輕鬆地理解「占有」的法律問題。對於實務上有爭議的問題，作者也以自己的法律體系為基礎，提出更進一步的討論及意見，使得本書也適合法律人工作上進修所用。

## ◎ 抵押權　黃鈺慧／著

　　本書是針對民法中之抵押權制度而撰寫。為使法律初學者及一般民眾易於入門，本書特別避開爭議過多的法律問題及艱澀難懂之理論探討，而將重心置於法規意義及基本理論的說明。除了以淺顯易懂的文字來敘述，並儘可能輔以實例說明法規之實際運用，希望能將抽象的法律規定轉化為一般人皆能掌握的實用規範。